Christine Hochreiter

111 Orte in und um Passau, die man gesehen haben muss

Mit Fotografien von Christine Hochreiter und Frank Klein

111

emons:

Bibliografische Information der Deutschen Nationalbibliothek
Die Deutsche Nationalbibliothek verzeichnet diese Publikation in der Deutschen Nationalbibliografie; detaillierte bibliografische Daten sind im Internet über http://dnb.d-nb.de abrufbar.

MIX
Papier aus verantwortungsvollen Quellen
FSC
www.fsc.org
FSC® C083411

Layout: Eva Kraskes, nach einem Konzept
von Lübbeke | Naumann | Thoben
Kartografie: altancicek.design, www.altancicek.de
Kartenbasisinformationen aus Openstreetmap,
© OpenStreetMap-Mitwirkende, ODbL
Druck und Bindung: CPI – Clausen & Bosse, Leck
Printed in Germany 2019
Erstausgabe 2018
ISBN 978-3-7408-0733-7
Aktualisierte Neuauflage Juli 2019

Vorwort

Wer nach Passau kommt, der spürt: Diese Stadt hat eine eigene, eine ganz besondere Seele. Man findet sie in den zahlreichen Spuren, die die Römer hinterlassen haben, in prächtigen Barockbauten und vielen prunkvollen Kirchen, an den Ufern der Flüsse Donau, Inn und Ilz und in den engen Altstadtgassen. Sie speist sich nicht zuletzt auch aus der Identität als Grenzstadt und der Nähe zu Österreich.

Passau ist ein Museum – doch nur zum Teil. Ansonsten ist die zweitgrößte Stadt in Niederbayern (meist) quicklebendig und auch modern. Die in den 1970er Jahren noch als tiefschwarz, erzkatholisch und provinziell geltende Kommune hat sich enorm entwickelt. Dies verdankt sie maßgeblich der Universität, die 1978 eröffnet wurde. Inzwischen ist in der 50.000-Einwohner-Stadt jeder vierte Bewohner ein Studierender. Und wenn die Touristengruppen, die die Altstadt zwischen Rindermarkt, Ortsspitze und Marienbrücke zur Saison bevölkern und meist von den zahlreichen Kreuzfahrtschiffen kommen, auch nicht jeden entzücken – Fakt ist, so manches Geschäft könnte ohne diese Gäste längst nicht überleben.

Zu sehen und zu erleben sind in Passau weit mehr als die Klassiker Stephansdom samt Orgelkonzert, Veste Oberhaus und eine Drei-Flüsse-Rundfahrt. Hier gibt es eine Wunderkammer, ein Dackelmuseum, ein Institut für Spaß, einen Regenprüfer, einen ruhenden Menschen, in dem man schlafen kann, das Apostelwasser, ein Mathe-Museum, ein erfolgreiches Müsli-Unternehmen, unendlich kreative Gründer, Raum für Innovationen sowie jede Menge Kunst und Kulinarik – und auf keinen Fall zu vergessen: ein hochattraktives Umland. Passau fasziniert, und so mancher, der es in jungen Jahren verlassen hat, kehrt später zurück, weil er gemerkt hat, wie einzigartig diese Stadt ist. Und welche wunderbaren Menschen hier leben. Kommen Sie mit zu 111 Orten, die Sie vielleicht noch gar nicht kennen oder mit uns neu entdecken.

111 Orte

1 Das Kaffeekannen-Museum

Sammeln als Medizin

Kaffeekannen sind ihre große Leidenschaft, obwohl sie gar keinen Kaffee trinkt. Frieda Reitberger besitzt 14.000 (!) davon – Teekannen sind freilich auch darunter. Die betagte Dame mit dem Kopftuch kann gar nicht genug davon bekommen. In dem alten Bauernhaus in dem Weiler Schwolgau stehen sie überall: in Vitrinen, außerhalb von Vitrinen, in noch einem Raum und noch einem anderen. Dazwischen und davor: jede Menge Kleinkram, den die Büchlbergerin zusammengetragen hat. Uroma Frieda sammelt zu gerne und wird bis zu ihrem Lebensende gewiss nicht damit aufhören.

Was klingt wie der Spleen einer alten Dame, war in ihrem Fall eine Überlebensstrategie. Bei einem Autounfall verlor sie ihren Mann und tut sich seit einem Luftröhrenschnitt mit dem Atmen schwer. Ein Arzt hat ihr damals geraten, als Therapie mit dem Sammeln anzufangen. Auf dem Flohmarkt in Passau kaufte sie ihre ersten Exemplare, weil sie ihr ganz einfach gefielen, und von da an war Frieda Reitberger nicht mehr einzubremsen. Flohmärkte wurden zu ihrer Passion. Und so besitzt sie heute Kannen aus den unterschiedlichsten Epochen und in den verschiedensten Stilrichtungen: billige, wertvollere, alte, neue, kitschige, edle, lustige, besondere … Doch wer jetzt glaubt, die Niederbayerin interessiert sich nur für Kannen, der irrt gewaltig. Sie sammelt unter anderem auch Puppen, Postkarten, Suppenterrinen oder Nussknacker. Im Vergleich zu den Kannen sind diese Mengen bescheiden. Rund 5.000 Puppen sind es allerdings auch schon wieder.

Das alles will gepflegt werden, und so ist zweimal im Jahr »Familienwaschtag«. Dann packt die Großfamilie so gut wie möglich mit an. Wie schade, dass der Museumschefin das Sprechen so schwerfällt, denn sie wüsste bestimmt zu jedem einzelnen Stück viel zu erzählen. In jedem Fall lohnt sich aber ein Besuch bei der warmherzigen Frau, die mit ihrem Lebensmut beeindruckt.

Adresse Schwolgau 7, 94124 Büchlberg-Schwolgau | Anfahrt A 3, Ausfahrt Aicha vorm Wald, nach Büchlberg, dort in die Pangerlbergstraße rechts abbiegen, Kreuzung gerade überqueren und bis Schwolgau folgen | Öffnungszeiten Mo – Fr 10 – 17 Uhr, Sa 14 – 17 Uhr | Tipp Den ehemaligen Granitsteinbruch Bergholz mit seinem dunklen Quellwasser-See und seiner einzigartigen Pflanzen- und Tierwelt kann man auf einem Rundwanderweg erkunden.

2 Der Erlebnisturm

Hochfliegende Träume

Es gibt Plätze und Momente, da würde man nur allzu gerne – und am besten auch noch gut – Golf spielen. Der Erlebnisturm Freinberg im nahen Oberösterreich ist so ein Ort. Und der Augenblick, an dem man ganz oben neben der Rampe steht, die einen Abschlag hinaus ins weite Grün ermöglicht, ist speziell. »Über den Dächern von Passau« (so heißt auch der Golfclub) wurde ein Futtersilo zu einem Turm mit vielfältiger Nutzung umgebaut. Er stammt aus der Zeit, als das Areal landwirtschaftlich bestellt wurde. Inzwischen trägt der Turm eine kugelförmige Haube, die an einen riesigen Golfball erinnert. Mit seinen fast 16 Metern Höhe ist er der höchste Golf-Abschlagplatz Europas.

Von dem Hochplateau über dem Donautal hat man einen traumhaften Blick auf Passau und den Bayerischen Wald, und wenn das Wetter passt, kann man schon einmal bis zu 300 Kilometer weit sehen. Der Neun-Loch-Golfplatz, der sich harmonisch in die Landschaft integriert, dürfte nicht nur der höchstgelegene, sondern auch einer der schönsten in der Region sein. Mit der Abschlagrampe in luftiger Höhe hat sich Franz Schraml, Golfclub-Präsident und Herr über einen ganzen Freizeitpark, einen Traum erfüllt. Doch der Erlebnisturm ist nicht nur für Golfer interessant. Im Stockwerk unter dem Aussichtsplateau gibt es Raum für Kultur – mit ständig wechselnden Ausstellungen. Und weiter unten kann man in runden Zimmern schlafen.

Auf dem Areal gibt es aber noch mehr Übernachtungsmöglichkeiten wie die »SeXXer Alm«. Hier wurde ein Innviertler Bauernhaus rekonstruiert – mit einer Gaststube samt Skihüttenflair. Dann wären da noch das Waldhäusl oder der »Troadkastn«, ein über 300 Jahre alter Getreidespeicher direkt neben dem Abschlag, der als Ferienwohnung ausgebaut wurde. Spätestens wenn die Turm-Haube am Abend in wechselnden Farben leuchtet, ist klar, dass der ehemalige Silo so etwas wie das Wahrzeichen von Freinberg ist.

Adresse Freinberg 74, 4785 Freinberg, Österreich | **Anfahrt** A 3, Ausfahrt Passau-Nord, Richtung Passau Zentrum, Innenstadt verlassen und über Marienbrücke nach Freinberg, Vorfahrtsstraße folgen, dann rechts verlassen, Straße folgen und Schilder beachten | **Öffnungszeiten** April–Okt. Di–So 10–17 Uhr, nur bei schönem Wetter | **Tipp** Seit über 130 Jahren steht im Freinberger Ortsteil Hareth in Oberösterreich das Gasthaus Wirth Z'Hareth. Fast genauso lange ist dieses Haus in den Händen der Familie Wirth. Am schönsten ist es im Biergarten im Grünen.

3 Das Bad Höhenstadt

Wassertreten kann man noch immer

In der Dreibäder-Region rund um Füssing, Griesbach und Birnbach wissen die wenigsten etwas mit dem Ort Bad Höhenstadt anzufangen. Das Dorf verfügt zwar über keine heißen Quellen, dafür aber über Schwefel. Und eine lange damit verbundene Badetradition.

Von 1719 datiert ein Vertrag des Passauer Domkapitels mit dem Zisterzienserkloster Fürstenzell, in dem die Konditionen für die Nutzung des Wassers festgezurrt wurden. Die Quelle wurde gefasst und eine Badestube aus Holz gebaut. Genutzt wurde diese anfangs ausschließlich von den Mönchen und ihren Angehörigen; erst später von Adeligen und dann auch von einfachen Leuten. Der Abt des Klosters Fürstenzell Otto II. Prasser ließ 1770 ein steinernes Badehaus errichten.

1803, nach der Aufhebung des Klosters, ersteigerte der Dorfschuster Benedikt Wiesner das Areal und war so erfolgreich, dass man in München auf das Bad aufmerksam wurde. 1830 kaufte die bayerische Finanzverwaltung das Schwefelbad, und neun Jahre später genehmigte König Ludwig I. den Plan für ein Königlich-Bayerisches Staatsbad. Das neue Kurhaus wurde 1842 seiner Bestimmung übergeben. König Ludwig II. verkaufte es 1871 aber schon wieder, und das Bad wechselte in der Folgezeit mehrfach den Besitzer. Es kamen immer mehr Menschen, die sich eine Linderung ihrer Beschwerden erhofften. 1925 wurde dem florierenden Kurort das Attribut »Bad« verliehen. Nach dem Zweiten Weltkrieg wurde der Betrieb jedoch nicht wieder aufgenommen. Heute beherbergt das Badhaus am Ortseingang eine Pflegeeinrichtung.

Geblieben ist ein kleiner Kurpark mit Kneipp-Anlage. Den Park ließ Ludwig I. anlegen. In der Luft liegt ein leichter Schwefel-Geruch. Kein Wunder, aus der Quelle kommt angeblich das schwefelreichste Wasser Deutschlands. Sie ist frei zugänglich und kann von jedermann genutzt werden. Ein paar Runden durch das kalte Schwefelwasser zu waten, soll gegen alle möglichen Zipperlein helfen.

Adresse Bad Höhenstadt, 94081 Fürstenzell | **Anfahrt** A 3, Ausfahrt Passau-Süd, Richtung Fürstenzell, links auf Hauptstraße abbiegen und am Straßenende rechts, vor den Gleisen links abbiegen und bis Bad Höhenstadt | **Öffnungszeiten** immer zugänglich | **Tipp** Der Sonnentempel im alten Kurpark entstand aus dem Faulturm des ehemaligen Klärwerks. Zwischen uralten Bäumen wurde im Zuge der Dorferneuerung ein Kultur- und Infozentrum mit Gartenanlagen geschaffen.

4 Das Glasatelier Zehner

Ein Energierad und fliegende Herzen

Ein idyllischer Ort ist das. Die Vögel zwitschern, ein kleiner Hund schlummert friedlich eingerollt in der Sonne. Auf der Grünfläche vor dem Haus steht zwischen Blumen ein »Energierad«: ein Zwei-Meter-Objekt aus geschmiedetem Metall mit Glaszacken. Es ist ein Symbol dafür, wie Barbara Zehner ihre Arbeit als Künstlerin versteht. Bei ihr dreht sich vieles um die Themen Kraft, Klarheit, Motivation, Zuversicht, Zuneigung – und um äußere wie innere Verbindungen, auch zwischen Menschen. Sie fragt sich zum Beispiel, wie es sein kann, dass jemand, von dem man schon lange nichts mehr gehört hat, sich plötzlich meldet, wenn man an ihn denkt.

Der Platz, an dem die Niederbayerin lebt und arbeitet, war früher einmal ein Wirtschaftsgebäude des Klosters Fürstenzell. Ihr Werkstoff ist das Glas: Zerbrechlich und fest, hart und (beim Glasblasen) ganz weich – das so vielseitig einsetzbare und höchst wandelbare Material fasziniert sie. Ob die klassische Glasbläserei, Druck, Gravur, Relief, Schliff oder auch das moderne Fusing (das Verschmelzen von Glas in verschiedenen Farben und Formen) – Barbara Zehner beherrscht alle Techniken. In ihre Objekte graviert sie gerne auch einmal Worte als Botschaften ein. Im Ausstellungsraum ihres Ateliers stehen bunte Vasen und Schalen, »fliegen« Herzen im Fenster, hängt ein Teil ihrer plakativen Mut-Installation mit einem selbst geschriebenen, berührenden Text.

Direkt vor dem Haus führt ein öffentlicher Weg viele unterschiedliche Menschen vorbei: Klosterbrüder, Schüler, Radfahrer, Familien mit Kindern … Und so mancher Passant bleibt vor dem Haus stehen und spitzt neugierig durch die Fenster. Und wenn er Glück hat, kann er der Glaskünstlerin bei der Arbeit zuschauen – oder sehen, wie Kinder (und Erwachsene) bei einem Workshop lernen, wie man Glas bearbeitet, um später ein eigenes Kunstwerk mit nach Hause zu nehmen.

Adresse Bahnhofstraße 27, 94081 Furstenzell | **Anfahrt** A 3, Ausfahrt Passau Süd, rechts Richtung Fürstenzell, am Marktplatz links, Kreisverkehr an der 3. Ausfahrt verlassen | **Öffnungszeiten** nach Vereinbarung unter Tel. 08502/922441 | **Tipp** Die Portenkirche gehörte einmal zum Zisterzienserkloster Fürstenzell. Von dem profanierten Kirchenbau besteht nach Abbruch des Langhauses nur mehr der Altarraum. Heute ist dieser nach einer umfangreichen Sanierung ein attraktiver Veranstaltungsraum.

5 Der Haindlhof

Kuh-Massagen und gestöckelte Milch

Spätestens wenn man von der Hauptstraße in das kleine Sträßchen hinab zum Haindlhof abbiegt, geht einem das Herz auf. Jenseits der sanften Hügellandschaft zwischen Bayerischem Wald und Rottal sieht man nicht nur die Spitzen des »Rottaler Doms«, der Fürstenzeller Kirche, sondern hat bei Föhn auch einen atemberaubenden Blick auf die Alpen. Bei dieser Wetterlage scheinen sie zum Greifen nah.

Die Familie Huber begann in den 1990er Jahren, neben dem Milchviehbetrieb ein zweites Standbein aufzubauen: eine Käserei samt Hofladen zur Direktvermarktung. Hier gibt es Topfen, gestöckelte (saure) Milch, Joghurt, Schnittkäse, Hartkäse, Quark, Weichkäse, Frischkäse in vielen Varianten und Frischmilch. Aus kleinen Anfängen ist der Betrieb zu einer EU-zertifizierten Hofkäserei herangewachsen. Die eigenen Milchprodukte werden inzwischen sogar in anderen Hofläden, auf Märkten und im regionalen Einzelhandel angeboten. Im Hofladen offeriert Familie Huber auch Erzeugnisse von anderen Landwirten wie etwa Obst, Gemüse, Fisch, Bauernbrot, Nudeln, Honig und Marmelade.

Auch für Kinder ist der Besuch ein Erlebnis: Wenn man mit dem Auto in den Hof einbiegt, kommen oft die Hunde Emma und Paula zur Begrüßung. Die Kids können Katzen und Kälbchen streicheln oder die Kühe in ihrem hochmodernen Offenfrontstall besuchen. Dort lernen sie, wie ein Melkroboter funktioniert und dass Kühe Massagen lieben. Da ein Teil des Dachs bei jedem Wetter geöffnet ist, spüren die Wiederkäuer Regen, Schnee, Sonne und Wind – wie draußen in der Natur. Im Laufstall mit der großen Liegehalle können sich die Milchkühe frei bewegen.

Der Hof selbst wurde im 17. Jahrhundert zum ersten Mal erwähnt, die Hofstelle bereits im 14. Jahrhundert. Vier Generationen leben auf dem Haindlhof unter einem Dach. Der heißt so, weil die Bauernhöfe früher keine Hausnummern, sondern Hausnamen hatten.

Adresse Untereichet 2, 94081 Fürstenzell | Anfahrt A 3, Ausfahrt Passau-Mitte, Richtung Fürstenzell, in Altenmarkt links abbiegen, bei der übernächsten Gelegenheit erneut links, bei Untereichet rechts | Öffnungszeiten des Hofladens Fr 9–17 Uhr, Sa 9–12 Uhr, Besichtigung des Hofs nach Vereinbarung unter Tel. 08502/922247 möglich | Tipp Von der Terrasse des Restaurants Panorama-Golf (an Deutschlands erstem Feng-Shui-Golfplatz) hat man einen herrlichen Ausblick auf die niederbayerische Toskana.

6 Die Quelle Heiligenbrunn

Begehrtes Kaffee-Wasser

So richtig schön ist sie ja nicht, die 1964 gebaute granitene Freiluft-Kapelle am Wallfahrtsort Heiligenbrunn. Davor und im Inneren stehen einige wenige Bänke, auf denen die Besucher Platz nehmen können. Das Gnadenbild an der Rückwand hinter dem Gitter ist eine Kopie des Muttergottes-Gemäldes in der Mariahilfkirche in Passau. Darunter brennen Kerzen und welken Blumen vor sich hin, wenn sie nicht gerade aus Plastik sind.

Doch die riesige Waldlichtung im Neuburger Wald bei Jägerwirth in der Gemeinde Fürstenzell ist ein besonderer Platz, an den man gerne wiederkehrt. Viele Leute aus der Region tun das regelmäßig, um sich Flaschen und Kanister mit Wasser aus dem Marienbrunnen unterhalb der Kapelle abzufüllen. Und trotz der großen Zahl an Menschen, die sich vor allem an den Wochenenden hier ihr Wasser holen, strahlt der Ort eine wohltuende Ruhe aus. Die Vögel zwitschern, am Waldrand machen Mädchen mit ihren Pferden Rast. Deren lange Mähnen haben sie zu Zöpfchen gezwirbelt.

Seit dem späten 16. Jahrhundert kommen Wallfahrer hierher, um für ihre Anliegen zu beten und zu bitten. Zur Wallfahrt gibt es zahlreiche Legenden. Diese gehört dazu: Eine Bauerstochter aus der Region soll durch das Wasser aus dem Teich von ihrer Fallsucht (Epilepsie) geheilt worden sein. Daraufhin soll ihr Vater eine hölzerne Mariensäule gestiftet haben. Der Wallfahrtsort bestand jahrhundertelang lediglich aus dem Teich und einer Holz-Kapelle. Zwischen 1998 und 2002 wurde die Quelle neu gefasst und der Brunnen neu gestaltet. Das mineralarme Quellwasser ist weicher als das aus den örtlichen Leitungen. Viele Leute, die es in größeren Mengen mitnehmen, verwenden es am liebsten für ihren Kaffee und Tee. Es ist allerdings nicht als Trinkwasser deklariert.

Kristallklar sprudelt das Wasser aus vier Rohren – permanent. Und über dem Brunnenbecken blickt eine Madonnenfigur in die Landschaft.

Adresse Heiligenbrunn, 94081 Fürstenzell | **Anfahrt** A 3, Ausfahrt Passau-Mitte, Richtung Fürstenzell, in Altenmarkt rechts abbiegen, 1. Straße nach dem Jägerwirthsteig wieder rechts, Grafengasse folgen, am Straßenende rechts, bei Heiligenbrunn wieder rechts | **Öffnungszeiten** immer zugänglich | **Tipp** Wer hierherkommt, der sollte unbedingt Zeit für einen ausführlichen Waldspaziergang mitbringen.

7 Das Salettl

Eine angesagte Hochzeits-Location

Einst war der Gartenpavillon ein Ort der Erbauung für die Äbte des Klosters Fürstenzell. Heute schließen Paare hier den Bund fürs Leben. Das Salettl ist, wie man neudeutsch sagt, eine schwer angesagte Hochzeits-Location. Atmosphäre und Akustik stimmen: Wer sich in der Marktgemeinde das Jawort gibt, tut das inzwischen meist an diesem besonderen Platz und nicht im Trauungszimmer des Rathauses.

Erbaut wurde das Salettl 1727 an der Westseite der Klostermauer. Hier empfingen die Klosterobersten Gäste, oder sie zogen sich ganz einfach nur zurück – ein gutes Stück vom Klosterleben entfernt und zugleich nah genug, um nicht davon abgeschnitten zu sein. Der Name Salettl kommt von italienisch »saletta«, Sälchen. Damit bezeichnet man im süddeutschen Raum und in Österreich kleine Gartenhäuser und Pavillons. Mit dem Aufkommen der kunstvoll gestalteten Lustgärten in der Barockzeit erhielten auch die Fürstenzeller Klostergärten einen repräsentativen Gartenpavillon.

Das Fürstenzeller Salettl hat längst keinen Bezug mehr zur früheren Klosteranlage. Von 1999 bis 2003 wurde es aufwendig restauriert, nachdem es zuvor – ohne Rücksicht auf die wunderbaren Stuckarbeiten und die Wandmalereien des Österreichers Johann Jakob Zeiller – zu einem Wohnhaus umgebaut worden war. Der Augsburger Hermenegild Peiker, Kunstmaler und Experte für die Wiederherstellung von zerstörten Freskomalereien, hat dem Barockpavillon wieder ein neues, glanzvolles Leben gegeben.

Das Kloster Fürstenzell hat eine lange Geschichte: 1272 kaufte der Passauer Domherr Hartwig von Ruprechting den heruntergekommenen Zellerhof, um dort ein Kloster zu errichten. Es startete 1274 mit vier Mönchen als Ableger des Zisterzienserklosters Aldersbach. Im 18. Jahrhundert erlebte die Abtei ihre Blütezeit. 1930 kauften Maristen das Kloster. 2009 zogen sie sich altersbedingt aus der Seelsorge zurück.

Adresse Hofgasse, 94081 Fürstenzell | Anfahrt A 3, Ausfahrt Passau-Mitte, Richtung Fürstenzell, Fürstenzeller Straße bis zum Ende folgen, dort kann am Marktplatz geparkt werden | Öffnungszeiten Besichtigung nach Vereinbarung unter Tel. 08502/80222 möglich | Tipp Der Moses-Bibelgarten bietet Besuchern und Wanderern auf dem Pilgerweg »Via nova« eine Möglichkeit zum Innehalten. Er befindet sich beim Pfarrhaus direkt neben der Kirche in Jägerwirth bei Fürstenzell.

8__Der Alpakahof Wimmer

Seifen, Betten und jede Menge Zuneigung

Beim Fernsehen hat er sich in die Alpakas verliebt. Und sich erst einmal ganz lange mit den Tieren beschäftigt, bevor er sie auf seinen Hof holte. Schließlich ist das Alpaka nicht gerade ein Tier, das traditionell in Niederbayern beheimatet ist. Die domestizierte kleine Schwester des Kamels stammt aus den südamerikanischen Anden. Doch der Betreiber des Alpakahofs Wimmer im Weiler Niederreisching lernte, dass sie ziemlich einfach zu halten ist. Die Grundnahrungsmittel sind Gras, Heu sowie Kraft- und Mineralfutter. Und dass Alpakas besonders freundlich, gutmütig und intelligent sind, das erfuhr er auch. Außer man ärgert sie, dann kann es schon einmal vorkommen, dass sie wie die Lamas spucken.

Auf dem Hof hält Alois Wimmer die Tiere nach Geschlechtern getrennt. Gezüchtet werden die Alpakas vor allem wegen ihrer Wolle. Die Alpaka-Faser ist eine weiche Naturfaser. Im Vergleich zur Schafswolle ist sie wärmer und auch feiner. Die Tiere werden einmal im Jahr geschoren. Dazu kommt ein Scherer auf den Hof. Danach wird die Wolle grob gereinigt und entstaubt. Anschließend bringt Wimmer einen Teil zu einer kleinen Seifensiederei ins Rottal, mit der er verschiedene Seifenvarianten »komponiert«. Die Siederei stellt aber nicht nur Dusch- und Shampooseifen her (wie beispielsweise die Ziegenmilchseife mit roter Heilerde und Alpaka-Keratin »Süsse Träume«), sondern auch Salzpeeling, Badeperlen oder Handwaschpaste mit Flocken aus Alpakaseife – alles ohne Palmöl und chemische Zusatzstoffe.

Der größte Teil der Wolle landet in Bettdecken und Kopfkissen. Für den Chef gibt es nichts Besseres. Kein Schwitzen, kein Frieren, kein Problem für Allergiker, sagt er. Eines steht fest: Auf dem Hof werden künftig tendenziell eher mehr als weniger Alpakas leben. Die Nachfrage nach den Produkten, die am Samstagnachmittag auch im eigenen Hofladen zum Verkauf stehen, wird jedenfalls größer. Und die Zuneigung zu den Alpakas auch.

Adresse Niederreisching 4, 94127 Neuburg am Inn | **Anfahrt** A 3, Ausfahrt Passau-Süd, Richtung Neukirchen, links auf die Hauptstraße abbiegen und nach Niederreisching folgen | **Öffnungszeiten** Sa 15–18 Uhr und nach Vereinbarung unter Tel. 08502/918295 möglich | **Tipp** Auf dem Rückweg nach Passau sollte man unbedingt bei der Bäckerei Neumaier und Hinterreiter in Neukirchen am Inn stoppen. Das Angebot ist begrenzt, aber Kuchen, Torten und Gebäck schmecken wie früher bei Oma.

9 Das Arboretum

Exoten im Neuburger Wald

Sie heißen Coloradotanne, Drehkiefer, Japanischer Lebensbaum, Aralie, Tigerschwanzfichte, Chinesischer Wacholder oder Sawara-Scheinzypresse und wachsen normalerweise nicht in Niederbayern. Im Arboretum – der Begriff steht für eine Sammlung verschiedenartiger, oft auch exotischer Gehölze – im Neuburger Wald kann man in einer Art Raritäten-Park außergewöhnliche Bäume und Sträucher wie einen 15 Meter hohen Tulpenbaum besichtigen. Man findet es direkt am Inntalwanderweg zwischen Passau und Neuburg, etwa eine gute halbe Stunde Fußmarsch vom Parkplatz Ingling/Bootshaus entfernt. Das rund einen halben Kilometer lange, vier Hektar große Terrain wurde früher als Wiese genutzt, in den 1970er Jahren vom Forstamt bepflanzt, 1979 eingeweiht und der Bevölkerung zu Erholungszwecken zur Verfügung gestellt. Das Arboretum besteht aus etwa 90 Laub- und Nadelgehölzen, die man sich auf einem Rundweg ansehen kann.

Doch die Anpflanzung, die sich offiziell »Forstmeister-Winneberger-Hain« nennt, ist mehr als ein parkartiger Exotenstandort im Wald. An dieser Stelle wird mit Blick auf den Klimawandel auch geforscht, wie sich fremdländische Gehölze entwickeln, für welche Arten hier die besten Bedingungen (wie Temperatur oder Niederschlagsmenge) herrschen. Der Namensgeber war quasi ein Vorreiter: Der Königlich Bayerische Regierungs- und Kreisforstrath Johann Ludwig Winneberger (1794–1860) hatte sich große Verdienste unter anderem auch um den Neuburger Wald erworben: Er forstete verwilderte Waldflächen mit Eichen auf und schuf im stadtnahen Bereich eine parkartige Anlage mit exotischen Bäumen.

Der 6.000 Hektar große Neuburger Wald ist die grüne Lunge und das Naherholungsgebiet der Region. Er erstreckt sich über fast 30 Kilometer von der Donau bis zum Inn und ist benannt nach der im Osten liegenden Gemeinde Neuburg am Inn.

Adresse Neuburger Wald, 94127 Neuburg am Inn | Anfahrt A3, Ausfahrt Passau-Süd, Richtung Kohlbruck, auf Höhe Messestraße rechts abbiegen und links halten, am Straßenende rechts in die Innstraße, parken kann man hinter dem Ruderverein | Tipp Das Kraftwerk Ingling ist die letzte Staustufe am Inn vor dem Zusammenfluss mit der Donau. Über das Kraftwerk kann man auf die österreichische Seite spazieren oder radeln.

10 Der Paradiesgarten

Von der Liebe zu schönen und feinen Dingen

Imposant thront sie hoch oben über dem Ufer des Inn: die Neuburg. Doch wer sich ihr von Passau auf der Straße nähert, bekommt kaum einen Eindruck davon, wie mächtig die Anlage ist. Steil geht es nach unten: Meist fährt man nur rechts auf den großen Parkplatz, um links die »Hoftaferne Neuburg« zu besuchen. Die eigentliche Burg beginnt erst hinter dem mächtigen Tor. Davor sollte man sich aber unbedingt den Paradiesgarten ansehen.

Die Burg war im 11. Jahrhundert von der Grafenfamilie der Vornbacher gebaut worden. Graf Georg Ludwig von Sinzendorf machte im 17. Jahrhundert ein Barockschloss daraus. Der Paradiesgarten vermittelt eine Idee davon, wie prunkvoll die Gartenanlagen einst waren. Der ehemalige Kreisheimatpfleger Dr. Wilfried Hartleb hat der Neuburg ein dickes Buch gewidmet. Darin befasst er sich auch ausführlich mit dem »Prunkgärtl« und der Muschelgrotte. Sie soll von dem Passauer Domstuckateur Giovanni Battista Carlone (um 1640 bis 1721) und seinem Gehilfen Giorgio Spazzo geschaffen worden sein. Tuff- und Kieselsteine, Muscheln, Kalkstein-Stückchen, Schlacken – die Materialien stammten allesamt aus der Region. Hier wurden sie zu wunderbaren geometrischen Ornamenten angeordnet.

Vom Paradiesgarten aus ist es nicht weit zu einem besonderen Wirtshaus, der Hoftaferne. Und das liegt nicht nur an der exzellenten Küche von Klaus Eglseder. Das Gebäude ist bereits seit 1440 ein Gasthaus und könnte wohl viel erzählen. Selten findet man ein Restaurant, in dem Atmosphäre und Speisenangebot so gut miteinander harmonieren. Hier kommen traditionelle Gerichte wie Braten, Ente oder Rindsrouladen auf den Tisch, die fein verändert und besonders kombiniert werden. Natürlich gibt es auch Fisch und vegetarisch. Eglseders Partnerin Andrea Ortner lebt ihre Liebe zu schönen Dingen und ihre Kreativität außerhalb der Küche aus. Stilvoll übernachten kann man hier auch: in 24 Zimmern in der Burganlage Schloss Neuburg.

Adresse Am Burgberg 6, 94127 Neuburg am Inn | **Anfahrt** über die Neuburger Straße stadtauswärts, im Neuburger Wald links auf die B 12 Richtung Neuhaus abbiegen | **Öffnungszeiten** immer zugänglich | **Tipp** Wer gerne kocht und Tipps vom Profi haben möchte, der findet das aktuelle Kursangebot von Klaus Eglseder auf der Homepage www.hoftaferne-neuburg.de unter »Special Events«. Eine Dauerausstellung in der Landkreis-Galerie auf dem Schlossareal erzählt die Geschichte der Burg (geöffnet Di – So 11 – 17 Uhr, wenn aktuelle Ausstellungen stattfinden).

11 Die Alte Kellermeisterei

Ein Büro, das kein Büro ist

Wenn Peter Kemper und seine Mitarbeiterinnen ihre Arbeitsplätze verlassen, erkennt man nicht mehr, dass es sich um ein Büro handelt. Der Architekt und sein Team klappen die Schreibtische hoch und verstecken sie in einem Wandschrank. Wer ebenerdig durch das Fenster in das Haus lugt, sieht vor allem einen Tisch: einen grandiosen, langen Hängetisch, den Kemper mit Schreiner Hans Resch konstruiert und gebaut hat. Das Möbel schwingt an Seilen und kann mitsamt der Lampen- und Holzkonstruktion an der Decke je nach Nutzung verschoben werden.

Das Haus wurde irgendwann im Mittelalter gebaut. Die Aufzeichnungen im Stadtarchiv beginnen im 18. Jahrhundert. Der hintere Raum in Richtung Inn muss einmal eine Stallung gewesen sein. Es gibt noch einen alten Futtertrog und einen Haken, an dem die Tiere angebunden wurden. Fakt ist, dass sich an diesem Ort einmal ein Weinhandel (Kellermeisterei) befunden hat. Noch heute kann man in Kempers »Büro« eine riesige Holzklappe im Boden öffnen und betritt über ein paar Stufen weiter unten ein uraltes Kellergewölbe. Die letzte Flutkatastrophe hat dem Gebäude schwer zu schaffen gemacht, und wer die Bilder von 2013 sieht, kann ermessen, wie desolat der Zustand damals war. Den Architekten, der privat modern wohnt, hat genau das gereizt.

Kemper liebt es, hier zu arbeiten – nahe am Mikrokosmos Grabengasse, seiner Lieblingsgasse. Und weil die Räume mit den alten Gewölben, dicken Mauern und den Lichtnischen viel zu schade sind, um sie nur als Büro zu nutzen, haben Kemper und seine Frau Tanja eine Galerie daraus gemacht. Fotos, Bilder und Skulpturen – das kunstinteressierte Ehepaar ist für vieles offen. Und Peter Kemper findet es faszinierend, mit wechselnder Kunst als Kulisse zu arbeiten. Der Tisch spielt immer eine tragende Rolle: als Ort der Begegnung bei dienstlichen Besprechungen, biblischen Lesungen oder bei einer Vernissage.

Adresse Unterer Sand 3–5, 94032 Passau-Altstadt | Öffnungszeiten während der Ausstellungszeiten Mo–Fr 13–17 Uhr oder nach Vereinbarung unter Tel. 0851/98908250 | Tipp Für viele bindet sie die schönsten Blumensträuße in der Stadt: die Floristmeisterin Sonja Vogl in ihrem »Blattwerk« in der Grabengasse 28.

12 Die alten Eisenbahnen

Der Nostalgieverein

Was für eine Überraschung! Wer glaubt, dass sich die Passauer Eisenbahnfreunde, kurz PEF, mit Modelleisenbahnen beschäftigen, wird bei einem Besuch in der Haitzinger Straße eines Besseren belehrt. Der Vorsitzende Werner Kummer öffnet auf dem Gelände des ehemaligen Betriebswerks der Deutschen Bahn stolz die große Tür zu einer Halle. Der Pensionist war schon bei der Vereinsgründung an Bord und kennt fast jeden Winkel und jede Schraube. Kaum hat man sich an den roten Schienenbus-Wagen sattgesehen, geht es weiter zu den verschiedenen Lokomotiven: Rangierloks, Kleinloks und sogar eine Dampflok.

Der 1978 gegründete Verein hat es sich zur Aufgabe gemacht, Eisenbahnfahrzeuge, die historisch wertvoll sind, fahrtauglich zu erhalten und tatsächlich einzusetzen. Die Eisenbahnfreunde erwerben von der Bahn Loks und Wagen, die ausgemustert wurden und zum Teil sogar verschrottet werden sollten. Gestartet sind sie mit dem blauen F-Zug aus den 1950er Jahren und seinen »Schürzenwagen«, die sie originalgetreu restauriert haben. In einer zweiten großen Halle steht unter anderem ein eleganter Speisewagen mit 30 Plätzen samt Küche und wartet auf seinen Einsatz. Inzwischen haben die Eisenbahnfreunde über 20 Loks, Trieb-, Personen- und Güterwagen in ihrem Besitz, die mit wenigen Ausnahmen betriebsfähig sind und auf dem Schienennetz im In- und Ausland verkehren dürfen. Es gibt ein Programm für Sonderzugfahrten, und man kann die Loks und Wagen sowohl als Firma als auch privat buchen. Die PEF übernehmen für Eisenbahnverkehrsunternehmen Rangieraufträge und Bauzugleistungen. So kommt Geld für Neueinkäufe und die Gleismiete herein.

Hier werkeln in ihrer Freizeit beileibe nicht nur ältere Herren, sondern auch jüngere Männer – und Frauen. Die wenigsten sind übrigens Eisenbahner. Allen gemeinsam ist die Leidenschaft für Bahn-Nostalgie und Freude daran, ein technisches Kulturgut zu erhalten.

Adresse Haitzinger Straße 12, 94032 Passau-Haidenhof | **Anfahrt** A 3, Ausfahrt Passau-Nord, Franz-Josef-Strauß-Brücke überqueren, Richtung Passau fahren, von der Regensburger Straße schräg rechts ab, nach den Bahngleisen rechts nach unten | **Öffnungszeiten** Führungen nach Vereinbarung unter Tel. 0851/54558 möglich, aktuelles Sonderzugprogramm sowie Veranstaltungskalender unter www.passauer-eisenbahn.de | **Tipp** Der Hauptbahnhof Passau wurde 1860 errichtet. Das 130 Meter lange Gebäude ist im klassizistischen Stil erbaut.

13 Das Altstadt Beisl

Gassenblick für zwei

Der schönste Platz in diesem Lokal befindet sich in der Fensternische ganz rechts vom Eingang: Von dem Zweiertisch mit den beiden Sesseln mit Fellüberwurf hat man einen der besten Altstadt-Ausblicke überhaupt. Vor allem wenn abends kaum noch Autos vom Residenzplatz durch die Innbrückgasse fahren, wird es richtig beschaulich-idyllisch, und man fühlt sich zurückversetzt in ganz alte Zeiten.

Die Innbrückgasse wurde 1143 mit der Errichtung der hölzernen Innbrücke, der Vorgängerin der heutigen Marienbrücke, als Zubringer zum Marktplatz (dem heutigen Residenzplatz) entlang der Wehrmauer als Rampe angelegt. Die Retro-Lampen werfen ein warmes Licht auf die Schwibbögen, am unteren Ende beleuchten sie das Innbrücktor samt seinem langen Gewölbe mit den gotischen Bögen, die seit dem 13. Jahrhundert mehrfach erweitert wurden.

Das Altstadt Beisl kann auf eine lange gastronomische Tradition zurückblicken. Die Chefin Manuela Andorfer-Mitschelen hat sogar noch einen alten Telephon-Abonnement-Vertrag aus dem Jahre 1896 in ihrem Besitz. Damals hatte hier das Konditorei-Café Heilein ihren Sitz. Die Inhaberin bietet in ihrem Lokal bayerisch-österreichische Spezialitäten an: von der Gulaschsuppe über die Tafelspitz-Sulz mit steirischem Kürbiskernöl und das beliebte Passauer Schnitzel, das mit Meerrettich und Senf mariniert wird, bis hin zu Steinpilzrisotto und Kuchen macht die passionierte Köchin alles selbst.

In bester österreichischer Beisl-Manier spielen auch Wein und Musik bei ihr eine große Rolle. Im Gewölbe und bei wärmeren Temperaturen draußen auf dem malerischen Freisitz serviert sie gute Tropfen aus dem Nachbarland. Gemeinsam mit den Jazzfreunden Passau finden am Donnerstag regelmäßig Jazzabende statt. Im Altstadt Beisl stehen außerdem ein Klavier und eine Konzertgitarre zur freien Verfügung. Es darf musiziert werden!

Adresse Residenzplatz 7, 94032 Passau-Altstadt | Öffnungszeiten Di–Sa 11–0 Uhr, So 11–16 Uhr | Tipp Die Zinngießergasse gilt als die schmalste Gasse der Stadt. Bis 1820 war in der Gegend eine Zinngießerei tätig.

14 Das Apostelwasser

Ein vererbtes Privileg

Sie sind ein elitärer Kreis und einer der ältesten Vereine der Stadt. Es handelt sich um ein Dutzend Männer, die auf dem »Apostelwasser« im Stadtgebiet fischen dürfen. Ihr Revier: die Donau zwischen der Gaißa- und der Ilzmündung. Sie sind die Einzigen, die hier ihre Angeln und Netze vom Boot aus auswerfen dürfen. In den meisten Fällen wird dieses Privileg vererbt, nur in seltenen Fällen kommen »Auswärtige« zum Zuge. Die Apostelfischer – sie heißen so, weil es immer zwölf sind – wurden 1558 erstmals in einer Urkunde erwähnt. Damals nannten sie sich »Fischer zu Anger«.

Das lebenslange Fischereirecht »mit Kahn und Netz« wird von der Heilig-Geist-Stiftung verpachtet. Mit dem Geld wird das Spital, inzwischen ein Seniorenheim, unterstützt. Laut Pachtvertrag sind die Apostelfischer sogar verpflichtet, das Heim an Festtagen mit Fisch zu versorgen.

Eine im finanziellen Sinne lukrative Angelegenheit ist die Fischerei aber schon lange nicht mehr. Denn Waller, Huchen, Hecht, Zander, Rotauge und Nase – die Objekte ihrer Angelleidenschaft – werden immer weniger. Das liegt nicht zuletzt auch daran, dass der Fluss durch die beiden Kraftwerke Jochenstein und Kachlet inzwischen ein nahezu geschlossenes Gewässer darstellt. Und so ist das Dasein als Apostelfischer mehr ein Hobby, eine Leidenschaft und das Bewahren einer Tradition. Um die teure Pacht an die Stiftung leichter begleichen zu können, setzen die zwölf Jungfische ein und verkaufen (höchst begehrte) Angellizenzen an die Sportfischer am Donau-Ufer.

In Passau hat das Stiftswesen eine jahrhundertelange Tradition. Die Heilig-Geist-Stiftung geht auf das 14. Jahrhundert zurück, als der Stadtrichter und Münzmeister Urban Grundacker ein Spital für 13 arme Männer einrichtete. Im Besitz der Stiftung waren sieben Stadthäuser, Ländereien, Weinberge in der Wachau und später fünf Kilometer Donau, das Terrain der Apostelfischer.

Adresse Donauabschnitt zwischen Donauhof und Ilzstadt | **Anfahrt** A3, Ausfahrt Passau-Nord, dann der Donau entlang | **Tipp** Im Bio-Wirtshaus Zum Fliegerbauer, Stelzlhof 1, kommt manchmal auf den Tisch, was Apostelfischer gefangen haben – zum Beispiel als Filet vom Donauwaller, im Wurzelsud serviert mit Leinöl-Erdäpfeln und Kren.

15 Das Art Hotel & Hostel

Schlafen zwischen Kunstobjekten

Dieses Haus birgt einen Schatz, den viele Passauer nicht kennen, weil sie in den seltensten Fällen in ihrer Heimatstadt eine Unterkunft benötigen. Rechts außen befinden sich eine unauffällige Tür und ein unscheinbares Schild, die darauf hinweisen, dass es sich hier um den Eingang zu einem Hotel handelt. Das Kantner-Haus am Rindermarkt steht wie viele andere Gebäude in der Passauer Altstadt unter Denkmalschutz. Es wurde 1870 im Auftrag des Kaufmanns Leopold Kantner durch den Baumeister Andreas Schwarzenberger errichtet. Bis Ende des Jahres 2008 befand sich hier ein renommiertes Modegeschäft (Simader).

Drinnen im »Art Hotel & Hostel« geht man erst einmal ein eindrucksvolles Treppenhaus hinauf, bevor man links zur kleinen Rezeption abbiegt. Jedes der 14 Zimmer ist individuell eingerichtet, mit vielen netten Details wie einem Bücherstapel als Nachtkästchen und zahlreichen Kunstobjekten. Einige Zimmer haben ein Gemeinschaftsbad, und es gibt sogar einen »Schlafsaal« mit vier Betten – ein Trend, den inzwischen sogar Luxushotels aufgreifen. Ein Highlight ist in jedem Fall der versteckte Garten / Innenhof mit einem großen Stück Römermauer.

Der Inhaber Simon Thiefes hat Hotelmanagement studiert und war viel in der Welt unterwegs, bis es ihn eines Tages nach Passau verschlug und er seine Leidenschaft für eigene Hotels entdeckte. Es ist ihm wichtig, die Räume nicht zu überfrachten, denn er möchte, dass sich die Augen der Gäste auch einmal ein wenig ausruhen können. Seine persönliche Devise lautet: Nicht möglichst viel Geld verdienen, sondern Spaß bei der Arbeit haben und immer etwas dazulernen. Das tut er auch mit seinem neuesten Objekt, dem Boutique Hotel Morgentau, einer weiteren Herberge in der Altstadt. Dafür hat er übrigens nicht nur jedes Accessoire persönlich eingekauft, sondern sogar die Betten und Bänke für den Frühstücksraum selbst gebaut.

Adresse Rindermarkt 9, 94032 Passau-Altstadt, Buchungen unter Tel. 0851/85178582 oder www.arthotel-passau.de | **Tipp** Das Frühstück gibt es gleich gegenüber im Konditorei-Café Simon. Dort hat man auch eine riesige Auswahl an Strudel-Spezialitäten, Schokoladen und Pralinen.

16__Das Atelier Öcouture

Immer dem Faden nach

Vom Kapuzinerplatz über die Mariahilf-Stiege ein Stück nach oben und dann links – dem an einem Geländer fixierten roten Faden nach, der in einem Wollknäuel endet. Direkt gegenüber befindet sich im Keller des Glaspalastes das Reich der Modedesignerin Elke Burmeister-Haug. Wer sich unter einem Kellergewölbe etwas feucht-klamm-düsteres Enges vorstellt, der irrt im konkreten Fall gewaltig. Bei Öcouture ist es hell, freundlich, großzügig-luftig. Das Atelier hat verschiedene Bereiche: den Eingangsraum, in dem die Schneidermeisterin Modelle präsentiert, die eigentliche Werkstatt, und so weiter …

Die gebürtige Oberbayerin lebt in der Passauer Innstadt ihren Traum von einer »besseren«, weil auch nachhaltigeren Bekleidung. Sie entwirft und näht schnörkellos-pfiffige Modelle, kompromisslose Kleidungsstücke, die so schlicht und reduziert sind, dass sie nicht im Vordergrund stehen, sondern vielmehr die Persönlichkeit ihrer Trägerin zur Geltung bringen sollen, so Burmeisters Credo. Obwohl die Modeschöpferin selbst am liebsten Schwarz trägt, beschäftigt sie sich intensiv mit dem Thema Farbe. Auch das Material spielt für sie eine wichtige Rolle. Leinen aus dem oberösterreichischen Mühlviertel, Baumwolle, Viskose – hochwertige Stoffe mit möglichst viel »Naturanteil« sind ihr wichtig. Das will sie auch mit ihrem Label Öcouture zum Ausdruck bringen. Generell ist es ihr Anspruch, dem gedankenlosen Konsum in der Textilbranche etwas Dauerhaftes und Werthaltiges entgegenzusetzen: Kleidungsstücke, die mit Liebe und Freude angefertigt werden, mit Komponenten, die so weit wie möglich aus der Region stammen.

Dies geschieht in einer ganz besonderen Atmosphäre: Hier haben die Mönche des ehemaligen Kapuzinerklosters gespeist, befanden sich der Löschwasserspeicher und der Eiskeller der Innstadtbrauerei. Und im hinteren Teil führt eine Tür in die ehemalige Krypta des früheren Klosters.

Adresse Innstadtkellerweg 11, 94032 Passau-Innstadt | Öffnungszeiten Di–Do 9–12.30 und 15–18 Uhr oder nach telefonischer Vereinbarung unter Tel. 0160/99701654 | Tipp Wohnen statt übernachten: Eine interessante Alternative zu einem traditionellen Hotelaufenthalt ist das Appartement-Hotel Rivers des Busreiseunternehmens Eichberger in der Kapuzinerstraße 4.

17 Das Autohaus Hausmann

Eine Überraschung mitten in der Stadt

Vier Jahrzehnte lang lag mitten in Passau, unbemerkt von der Öffentlichkeit, ein Autohaus im Dornröschenschlaf. 2015, als die letzte Angehörige verstorben war, öffnete ein Erbe die Türen. Dass sich hinter der verwitterten Fassade eine alte Autowerkstatt befindet, das wussten viele Ältere. Aber die wenigstens ahnten, dass bis zum ersten Stock ein Dutzend bestens erhaltene Oldtimer in einem komplett eingerichteten Schauraum stehen. Mit einer der Ford-Limousinen soll Bundeskanzler Konrad Adenauer beim Katholikentag 1950 in Passau chauffiert worden sein.

Der Passauer Journalist Hubert Denk berichtete als einer der ersten Augenzeugen über den Fund, der bundesweit für mediale Aufmerksamkeit sorgte. Er weiß daher auch, wie die Fahrzeuge in den ersten Stock des Gebäudes gekommen sind: Eine spezielle Hebebühne trug sie durch ein scheunentorgroßes Loch in der Decke von der Werkstatt hinauf in den Schauraum. Die Vorrichtung soll der erste »Autoaufzug« Deutschlands gewesen sein.

Was war geschehen? 1975 hatte der Ford-Großhändler Otto Hausmann mit 70 Jahren das Tor einfach geschlossen – für immer. Der Gründer ging in Rente und hatte keinen Nachfolger. Er hinterließ alles, wie es war: das Chefbüro im ersten Stock, eine tonnenschwere Drehbank aus den fünfziger Jahren, viele Ersatzteile und Dokumente in meterhohen Regalen, die Autos …

Danach kümmerte sich niemand um das Objekt. Hausmann starb zwölf Jahre, nachdem er seinen Betrieb zugesperrt hatte. Was auf die »Entdeckung« 2015 folgte, war ein Streit unter den Erben, der inzwischen beigelegt ist. Das Haus ist geräumt und scheint dem Verfall preisgegeben. Was die Erben vorhaben, ist unklar. Viele Passauer bedauern, dass diese Zeitkapsel zerstört worden ist, der Inhalt abtransportiert und wohl zum Teil verkauft wurde. Sie hätten sich gewünscht, dass aus dem vergessenen Autohaus das originellste Oldtimermuseum der Welt wird.

Adresse Theresienstraße 27, 94032 Passau-Altstadt | **Öffnungszeiten** nicht zugänglich | **Tipp** Das »Weingut« von Sommelier und Koch Stephan Öller ist Vinothek, Weinbar und Bistro. Dort finden auch regelmäßig Events statt.

18 Die Batterie Linde

Panoramablick aus Park-Perspektive

In Passau gibt es einen Ort, an dem man richtig gut sehen kann, wie aus drei Flüssen einer wird. Neben dem Aussichtspunkt Mariahilf in der Innstadt und dem Café-Restaurant »Blaas« gleich jenseits der österreichischen Grenze hat man von hier wohl den atemberaubendsten Blick: Der Ort nennt sich »Batterie Linde« und befindet sich am Georgsberg an der unteren Grenze der mittelalterlichen Burganlage Oberhaus. Eine Batterie bezeichnet einen Teil einer Wehranlage, auf dem zur Verteidigung einer Burg Artillerie positioniert wird. In der Veste, die 1219 zum ersten Mal schriftlich erwähnt wird, gibt es mehrere. Die Batterie Linde heißt so, weil man zwei alte Lindenbäume passiert, bevor man das Panorama genießen kann: Ilz, Donau, Inn und Altstadt.

Die rund 800 Jahre alte Veste ist mit 65.000 Quadratmetern umbauter Fläche eine der größten erhaltenen Burganlagen Europas. Sie diente den Bischöfen zunächst als Zufluchtsort und Trutzburg, um sich vor den rebellierenden Bürgern unten in der Stadt in Sicherheit zu bringen. Im 15. Jahrhundert begannen die Fürstbischöfe, die Veste zur Residenz auszubauen. Vor allem ab dem 17. Jahrhundert wurde sie zur barocken Festungsanlage erweitert. Mit der Säkularisation verlor der Bischof den Besitz. Nur wenig später wurde die Burganlage als Gefängnis und Strafanstalt von der bayerischen Armee genutzt.

Heute ist die Veste Oberhaus nicht nur ein steinernes Monument von beachtlicher Dimension, sondern auch eine herrliche Parkanlage. Wer von der Batterie Linde aus ein Stück Richtung Burg geht, der findet in einem Grünstreifen sogar Obstbäume und -sträucher. Und es gibt »Exoten«. 1995 wurden im großen Innenhof vor dem Museumseingang Maulbeerbäume gepflanzt, die inzwischen eine stattliche Statur aufweisen. Der Hintergrund: Im 19. Jahrhundert wurden hier – mit mäßigem Erfolg – Seidenraupen gezüchtet, und die fressen ausschließlich Blätter der Maulbeerbäume.

Adresse Oberhaus 125, 94034 Passau-Altstadt | **Anfahrt** A 3, Ausfahrt Passau-Nord, links über die Gaißa, am Straßenende rechts und bis zum Ende folgen, dort ist der Parkplatz des Oberhauses | **Öffnungszeiten** 15. März – 15. Okt. Mo – Fr 9 – 17 Uhr, Sa, So und Feiertage 10 – 18 Uhr, 25. Dez. – 6. Jan. täglich 10 – 16 Uhr | **Tipp** Das Andorfer Weißbier für den eigenen Ausschank im Gasthaus und im wunderschönen Biergarten wird immer noch direkt vor Ort beim Weissbräu auf der Ries hergestellt.

19 Die Burgruine Hals

Gänsehaut im kalten Keller

Auf einem Felsrücken an der Engstelle einer Ilz-Schleife ragt die Ruine der Burg Hals in die Höhe. Sie ist so etwas wie das Wahrzeichen des gleichnamigen Ortsteils von Passau. 1112 wurde die Burg erstmals erwähnt. Bis 1972 war Hals eine eigenständige Gemeinde und sogar eine Zeit lang ein bekannter Bade- und Kurort. Bad Hals samt seiner malerischen Burgruinen-Kulisse avancierte Ende des 19. Jahrhunderts vor allem bei gut betuchten Wienern zu einer bevorzugten Adresse. Im Hofwirtshaus zu Hals komponierte Franz Lehar 1901 seine erste Operette »Wiener Frauen«. 1894 hat sich Pfarrer Sebastian Kneipp die Therapie-Angebote höchstpersönlich angeschaut. Und Passauer, die etwas auf sich hielten, bauten sich einen Landsitz am Ufer der Ilz. Mit dem Ersten Weltkrieg war diese kurze Ära zu Ende.

Die Burgherren von Hals sicherten die Handelswege nach Böhmen wie den Goldenen Steig. Ab 1376 durften sie eigene Silbermünzen prägen, die »Halser Pfennige«. Dies zeigt, welche Bedeutung Hals unter seinen Grafen eine Zeit lang hatte. Spätestens ab dem 17. Jahrhundert verfiel die Burg nach diversen Besitzerwechseln. Die verbliebene Bausubstanz stammt vorwiegend aus dem Spätmittelalter. Die heutige Ruine lässt nicht einmal erahnen, wie groß die Burg einmal war. Mit einer Gesamtlänge von rund 240 Metern zählte der Burgkomplex zu den größten in Niederbayern. Seit 2000 befindet sich die Ruine in Privatbesitz und wird nur selten für Führungen »geöffnet«.

Der Kulturhistoriker und historische Bauforscher Matthias Koopmann ist der Einzige, der als »Stadtfuchs« Touren auf die Burg anbietet. Mit ihm kann man auf ritterliche Spurensuche durch Bauten und Gewölbe gehen. Und wer mutig ist, der legt schweres Rüstzeug an. Gänsehaut, wenn nicht gar Gruseln, macht der kalte Keller: Durch einen Schacht wurden Gefangene früher mit einem Seil in das dunkle Verlies hinuntergelassen und dort »eingelocht«.

Adresse Jägerweg 4, 94034 Passau-Hals | **ÖPNV** Buslinie 4 nach Hochstein, Haltestelle Hals, über den Marktplatz auf den Burgweg, um die Ruine näher zu betrachten | **Öffnungszeiten** nicht öffentlich zugänglich, Führungen unter www.stadtfuchs-passau.de | **Tipp** Bei der Familie Sprödhuber kann man Urlaub auf dem Bauernhof machen – in Gästezimmern oder Ferienwohnungen. Das idyllisch gelegene Hofbauerngut befindet sich auf einer von der Ilz umgebenen Halbinsel.

20 Das Café Anton

Rosengeschirr, Kerzenlicht und opulentes Dekor

Wer von der Fußgängerzone zum Domplatz strebt, nimmt gerne die Abkürzung über die Luragogasse. Die ist nach Carlo Lurago benannt, einem der großen Baumeister des böhmischen Barocks. 1662 war der Passauer Dom durch einen Stadtbrand zu einem Großteil zerstört worden, und Lurago war von 1668 bis 1683 für den Neubau verantwortlich. Fast ein wenig unscheinbar schmiegt sich das Café Anton in diese kurze Gasse. In den Fenstern lassen österreichischer Marillennektar und -brand das Ambiente im Inneren erahnen.

Es ist zugleich inspiriert von traditionellen Wiener Kaffeehäusern wie von britischen Teesalons. Inhaber Anton Aschenbrenner liebt Details: schönes Porzellan, Antiquitäten, Kerzenlicht, opulentes Dekor, stimmungsvolle, unaufdringliche Hintergrundmusik. In einer Zeit, in der Kaffee aus Papp- und Plastikbechern und cooles Design populär sind, folgt er seinem persönlichen Geschmack und setzt auf Rosengeschirr und eine neobarocke Atmosphäre. Sein Café samt Weinbar ist der ideale Rückzugsort vom Trubel der Stadt – bei schönem Wetter auch im beschaulichen Innenhof.

Der Chef ist Österreich-verliebt und kauft den Großteil seiner Lebensmittel im Nachbarland ein. Es gibt hausgemachte Kuchen (eine Spezialität ist der Apfelstrudel), wechselnde Tagesgerichte und Snacks. Zum liebevoll auf Etageren kredenzten Frühstück werden selbst gebackenes Brot, hausgemachte Marmeladen und eigene Aufstriche gereicht. Sein Publikum besteht aus einer munteren Mischung aus Einheimischen, Studenten und Touristen.

Anton Aschenbrenner hat inzwischen ein zweites Café im Stil der 1950er Jahre eröffnet, gleich nebenan in dem ehemaligen Traditionsschuhhaus Schöffberger, das zuvor rund 20 Jahre leer gestanden war. Hier kann man beim Kaffeetrinken direkt im Schaufenster sitzen – wenn man das will. Oder man geht in den ersten Stock. Im Schöffberger setzt man auf Selbstbedienung an der Theke.

Adresse Luragogasse 1, 94032 Passau-Altstadt | Öffnungszeiten So–Mi 9–21 Uhr, Do–Sa 9–23 Uhr | Tipp Die passende Lektüre zum Kaffee findet man im bestens sortierten Antiquariat von Heiner Henke am Domplatz.

21 Die Carlonegasse

Rettet das Passauer Wolfsmäulchen

In der Dämmerung oder in der Nacht ist die Carlonegasse, die vom Domplatz hinunter in die Grabengasse führt, ein äußerst pittoreskes (Foto-)Motiv. Dann sieht man auch die vielen Graffiti kaum, die bei Helligkeit nicht so gut auszublenden sind. Tagsüber erkennt man dafür aber eine Besonderheit umso besser, an der viele achtlos vorbeigehen: In einer alten Mauer hält sich ein bescheidener Bestand des Passauer Wolfsmäulchens – einer speziellen Pflanze.

Als »Mauer-Besiedler« hat das Löwenmaul in der Stadt eine lange Tradition. Der Botaniker Otto Sendtner berichtete 1854, dass die beliebte Gartenpflanze an Mauern und auf Felsen oft vorkomme. Noch 1875 war es an den »Mauern der Römerwehr gegen das Schwestergässchen« (heute die Carlonegasse) sehr häufig, ist bei einem anderen Botaniker, Ottomar von Mayenburg, nachzulesen. Inzwischen ist die Pflanze nicht mehr sehr verbreitet. Neben dem ursprünglichen Löwenmäulchen mit der trübroten Blütenfarbe kommen weiße Formen und ein lachsfarbenes Kreuzungsprodukt vor. Die typische »Löwenmaul-Mauer« ist sonnig und hat viele Fugen.

Volkstümliche Bezeichnungen nehmen Bezug auf die maulartige Blütenform. In Siebenbürgen nannte man das Löwenmaul auch »Wolfsmäulchen«. Daher gibt es vom Namen her einen Bezug zum Passauer Wolf, dem roten Wappentier der Stadt. Und so heißen die Pflanzen in der Stadt jetzt auch »Passauer Wolfsmäulchen«.

Um das Passauer Löwenmäulchen vor dem Aussterben zu bewahren, wurde die Regierung von Niederbayern aktiv. Die Stadtgärtner sammelten am letzten niederbayerischen Wildstandort in der Carlonegasse Samen, zogen daraus Pflanzen und brachten sie aus. Dabei halfen auch Schülerinnen und Schüler des Gymnasiums Leopoldinum mit. Sie pflanzten die Löwenmäulchen in Mauerabschnitte unterhalb ihres Schulgartens. Außerdem hegten und pflegten sie diese so lange, bis sie fest angewachsen waren und allein überleben konnten.

Adresse Carlonegasse, 94032 Passau-Altstadt | Tipp Über die Ballhausstiege ist man schnell an der Inn-Promenade und auf der Marienbrücke. Von dort aus hat man einen herrlichen Blick.

22 Das Carossa-Zimmer

Der Nachlass des Dichter-Arztes

Selbst wer konkret danach sucht, wird nicht prompt fündig. An der großen Orientierungstafel in der Europabücherei gibt es bedauerlicherweise keinen Hinweis auf das Arbeitszimmer von Hans Carossa. Beim Rundgang durch die oberen Stockwerke stößt man schließlich auf eine weiße (verschlossene) Tür, die die Damen vom Informationsschalter im Erdgeschoß für Interessenten gerne öffnen.

Die Stadt Passau hat sich vor einigen Jahren die Erinnerungsstücke an den berühmten Bürger aus Vilshofen (zurück)geholt. Sie hatte den »Seestettener Nachlass« von Carossas Schwiegertochter Helene erworben – und zunächst an die Stadt Vilshofen verliehen. In der Europabücherei stehen jetzt sein Schreibtisch und weitere Originalmöbelstücke; außerdem wurde eine kleine Bibliothek mit rund 1.000 Büchern aufgebaut. Ganz allein im Schreibzimmer des Dichter-Arztes hat man das Gefühl, dieser könnte jeden Moment wieder hereinkommen. Auf dem Schreibtisch liegen unter anderem die Nickelbrille seines Großvaters Hans Carossa, eine Briefwaage und eine Taschenuhr. Das wertvollste Stück in dem Zimmer dürfte aber eine Zeichnung von Alfred Kubin sein, die Carossas erste Frau Valerie zeigt.

Der 1878 im heutigen Bad Tölz geborene Carossa hatte nach dem Medizinstudium seinen Vater in dessen Passauer Praxis vertreten und danach häufig seinen Standort gewechselt. Nach dem Ersten Weltkrieg kehrte er zurück und wohnte zunächst in Seestetten zwischen Passau und Vilshofen, dann in Passau-Rittsteig. Nach eigenem Bekunden war Passau seine Lieblingsstadt. 1929 hatte Carossa seine Arztpraxis aufgegeben und fortan als freier Schriftsteller gearbeitet. 1948 wurde er Ehrenbürger der Stadt Passau. 1956 ist er in seinem Haus in Rittsteig »sanft entschlafen«, wie in der Todesanzeige zu lesen war. Er wurde auf dem Friedhof des heutigen Passauer Stadtteils Heining beerdigt. Der Maler Alfred Kubin stand an seinem Sarg.

Adresse in der Europabücherei, Schießgrabengasse 2, 94032 Passau-Altstadt | Öffnungszeiten Di – Fr 10 – 18 Uhr, Sa 10 – 13 Uhr | Tipp Das Café Duft in der Theresienstraße hat einen schönen Innenhof. Es ist nicht nur ein beliebter Treffpunkt für alle möglichen Stammtische, sondern auch bekannt für abwechslungsreiche Abende mit Livemusik.

23 Das Denkmal von Max

Er ist der »Regenprüfer«

In der Mitte des Domplatzes hebt eine Bronzestatue den linken Arm. Es handelt sich um ein Denkmal von Maximilian (»Max«) Joseph I., dem ersten bayerischen König. Aufgestellt wurde es anlässlich dessen 25. Regierungsjubiläums 1824 mit dem Rücken zur Kathedrale. Der König ist ein beliebtes Fotomotiv. Der mächtige Stephansdom, einer der größten barocken Bischofsdome nördlich der Alpen, bildet die imposante Kulisse. In der Vorweihnachtszeit muss das Denkmal besonders viel über sich ergehen lassen. Zur Zeit des Christkindlmarkts sind seine Stufen wegen der besseren Übersicht der Treffpunkt schlechthin. Aber auch für die Tauben ist Max ein beliebter Lande- und Aufenthaltsplatz.

Im Volksmund wird er wegen seines ausgestreckten Arms »der Regenprüfer« genannt. Und tatsächlich sieht es so aus, als wolle König Maximilian testen, ob Tropfen vom Himmel fallen. Den Granitsockel ziert folgende Inschrift: »Dem geliebten Könige Maximilian Ioseph I. sein treues Volk im Unter-Donau-Kreise am 16. Hornung 1824«. Auf der Rückseite heißt es: »Wie die Geschichte seine Thaten so möge dieses Metall sein Bild den kommenden Geschlechtern überliefern«. Das Modell für die Statue stammt von dem Bildhauer Christian Jorhan dem Jüngeren, den Bronzeguss übernahm der Glockengießer Georg Samassa.

Der Domplatz ist der höchste Punkt der Altstadt. Er wurde 1150 geschaffen, ist aber erst seit 1824 öffentlich zugänglich. Um den Platz gruppieren sich ehemalige Domherrenhöfe. Das eindrucksvollste Gebäude ist das Lamberg-Palais mit seiner dunkelgrau-gelben Fassade direkt gegenüber dem Stephansdom. An diesem Ort wurde 1552 der »Passauer Vertrag« geschlossen. Er garantierte die freie Religionsausübung der christlichen Konfessionen. Das Denkmal gab es damals noch nicht. Doch heute kann man sich den Domplatz ohne König Max nicht mehr vorstellen. Wer sollte sich denn sonst um die Großwetterlage kümmern?

Adresse Domplatz, 94032 Passau-Altstadt | Tipp Die winzige Barbarakapelle ist ein spezieller Andachtsort. Hier gibt es feste Zeiten, zu denen gemeinsam gebetet werden kann.

24 Das Dirndl-Atelier Unsa

»Tu was Du liebst«

Ihre Berufswahl Bankkauffrau nennt Sandra Unholzer heute eine Verirrung. Denn schon seit der Kindheit war sie immer gerne kreativ, liebte Handarbeit und besuchte später Nähkurse. Entwerfen, Schneidern – zunächst für sich selbst, dann auch für andere –, das war ihr Ding. Irgendwann ging das Ganze dann in Richtung Dirndl. Doch manchmal braucht man einen Kick von außen, um sich zu entscheiden. Im Falle der Niederbayerin war es das Buch mit dem Titel »Tu was Du liebst – und Du musst nie wieder arbeiten«. Dann ging alles fast wie von selbst. Unholzer gab ihren Job auf, fand passende Räumlichkeiten und wurde Dirndl-Designerin. Der zweistöckige Laden, der im Erdgeschoß nicht viel mehr als ein großzügiger Eingang ist, eignet sich perfekt für ihr Business.

Ihre Dirndl sind alles Unikate, werden also nur ein einziges Mal hergestellt. Zunächst sucht die Kundin den Schnitt aus, dann den Oberstoff, Knöpfe, Schürze, Schürzenband, Borten, Stickereien – ein individuelles »Trachtenkleid« entwickelt sich. Wer sich ein Dirndl auf den Leib schneidern lässt, kommt in der Regel zu vier bis fünf Anproben her. Die meist weiblichen Kunden schätzen es, dass sie im ersten Stock nicht im Schaufenster stehen.

Unsa Design ist kein klassisches Geschäft. Zuschnitt, Werkstatt – die Kundin kann dabei zusehen, wie ihr ganz persönliches Dirndl Schritt für Schritt fertiggestellt wird. Die Kleidungsstücke werden Stich für Stich handgefertigt – und das ausschließlich in Unholzers Atelier im Herzen von Passau. Die Materialien: hochwertige Baumwolle, (Halb-)Seide oder Loden. Braut- und Festtagsdirndl sind ein wichtiges Standbein der niederbayerischen Existenzgründerin.

Und nicht selten wird das Outfit der Männer – etwa durch ein passendes Gilet – und Kinder darauf abgestimmt. Es ist sogar schon vorgekommen, dass ein Hund in der Theresienstraße optisch ein wenig »vertrachtet« wurde.

Adresse Theresienstraße 7, 94032 Passau-Altstadt | Öffnungszeiten Di – Fr 10 – 18 Uhr, Sa 10 – 16 Uhr | Tipp Das Restaurant »Bouillabaisse«, die beste Adresse für Fischfans, befindet sich gleich ums Eck in der Rosengasse.

25 Das Drucklädchen

Handgemachtes Glück

Unscheinbar duckt sich der kleine Laden in die Häuserfront am Steinweg. Viele Passanten gehen daran vorbei. Andere nehmen es sofort wahr, das Schöne in dem schmalen Schaufenster. Im Drucklädchen Freyberger dreht sich alles um Papier: Geschenkpapier, Karten, von Hand gebundene Bücher … Und trotz Internet, Smartphone und Co. haben Heidi (die Mutter) und Anja Freyberger (die Tochter) viele Stammkunden – darunter auch zahlreiche Studenten. Die setzen mit dem Kauf eines von Hand gebundenen (Tage-) Buchs oder Fotoalbums, von Künstlerdrucken oder handgeschöpftem Papier ein Zeichen gegen die flüchtige und unpersönliche Virtualität.

Vor fast vier Jahrzehnten fing mit einer kleinen Druckerei alles an, und auch heute noch dient das Lädchen als Verkaufsraum für individuell gestaltete Einladungen oder Visitenkarten. Ansonsten gibt es florentinisches Papier, Originalgrafiken regionaler Künstler, Holzschnitte, Kupferstiche, Aquarelle und natürlich jede Menge Werke der gelernten Buchbinderin und Buch-Restauratorin Anja.

Im Lädchen geht es familiär zu, und so verstehen sich die beiden Damen weniger als Produzentinnen und Verkäuferinnen, sondern mehr als Wunsch-Erfüllerinnen für ihre Kunden. Ob jemand eine originelle Karte zur Geburt eines Kindes sucht oder ob sich ein junges Mädchen mit einem persönlichen Album von ihrer Freundin, die nach Brasilien geht, verabschiedet – die Freybergerinnen haben immer gute Ideen und passende Motive. Dass Handgemachtes noch lange nicht out ist, zeigen die Menschenschlangen, die sich in der Vorweihnachtszeit vor dem Lädchen bilden. Und manchmal sind aus dem gemeinsamen Warten sogar schon nette Bekanntschaften geworden. Internet und E-Mail brauchen die Frauen nach wie vor nicht. Ihr Geschäft funktioniert durch Mund-zu-Mund-Propaganda. Am wichtigsten ist ihnen aber eines: dass die Menschen ihren Laden ein wenig glücklicher verlassen.

Adresse Freyberger, Steinweg 18, 94032 Passau-Altstadt | **Öffnungszeiten** Mo–Fr 10.30–18 Uhr, Sa 10–17 Uhr | **Tipp** Nebenan befindet sich die Werkstätte der Freybergers. Dort kann man Anja durchaus einmal beim Rollen von handgeschöpftem Papier oder Binden von Büchern über die Schulter schauen.

26 Die FeWo »mittendrin«

Frühstück mit zwei Heiligen

Wer diese Wohnung gesehen hat, stellt sich ziemlich schnell die Frage, warum die Besitzer nicht selbst dort wohnen. Uralte Fresken, historische Gewölbe, eine hochwertige Ausstattung (als Farben dominieren Braun, Taupe und Beige), frische Blumen, edle Spirituosen, eine gut ausgestattete Küche, überall Kerzen, ein Tablet mit aktuellen Infos, viele liebevolle Details – das 93-Quadratmeter-Domizil »mittendrin« in der Altstadt hat viel Atmosphäre; und zwar so viel, dass es die Kunden eines bekannten Online-Buchungsportals zu einer der besten Unterkünfte Deutschlands gekürt haben. Und spätestens beim Anblick des heiligen Sebastian und des heiligen Florian im kombinierten Koch-/Ess-Raum spürt man, wie besonders dieser Ort ist.

Am Steinweg 16a, in der angeblich ältesten Pflasterstraße von Passau, wird bereits 1370 ein Zinngießer urkundlich erwähnt. Somit handelt es sich bei dieser Adresse um eines der ältesten Häuser der Dreiflüssestadt. Susanne Werther, von Beruf Krankenschwester, hat die Wohnung in dem denkmalgeschützten Haus 2016 gekauft und sich damit einen Traum erfüllt: eine Ferienwohnung in der Altstadt (die sie später einmal mit ihrem Mann selbst nutzen möchte). Die Gäste sind überwiegend Europäer, es kommen aber auch Australier, Russen und Amerikaner. Inzwischen gibt es so manchen Wiederkehrer. Bei der Ankunft werden sie von den Inhabern persönlich in Empfang genommen. Die meisten reisen mit dem Auto an und nutzen den Stellplatz in der Tiefgarage.

Das Appartement wird sowohl von Urlaubern als auch von Geschäftsreisenden gebucht. Sie alle schätzen es, direkt in der Altstadt zu wohnen. Ein Münchner findet die Unterkunft gar schöner als sein eigenes Zuhause, hat er in das Gästebuch geschrieben. Inzwischen gibt es im Parterre des Hauses noch eine zweite, kleinere Ferienwohnung. Sie hat ebenfalls einen ganz eigenen Stil – und auch schon wieder viele Fans.

Adresse Steinweg 16a, 94032 Passau-Altstadt, Buchungen unter Tel. 01578/4445159 oder www.passau-mittendrin.de | **Tipp** Am Paulusbogen führt eine Freitreppe zur Stadtpfarrkirche St. Paul hinauf. Im Innenraum heben sich die schwarzen, vergoldeten Altäre und die ebenso gefärbte Kanzel von den hellen Wänden ab.

27 Die Galerie Horst Stauber

Den Mikrokosmos Altstadt im Blick

Im Leben der Passauer Altstadt gibt es einige Konstanten. Dazu gehört zweifelsohne auch, dass der »Horst« zu bestimmten Zeiten an einem ganz bestimmten Ort sitzt: In seiner Galerie am Residenzplatz links an der Wand. Da steht ein schlichter Beistelltisch samt Telefon, Lesestoff, Papierkram und Getränken, daneben ein Stuhl. Von hier drinnen aus betrachtet der Glaskünstler Horst Stauber durch die großen Glasscheiben den Mikrokosmos draußen und freut sich über Besuch in seiner Welt. Ganz besonders mag er es, wenn sich Kinder und Jugendliche über die Treppe mit den zwei Stufen nach unten wagen. Schließlich möchte er über die Kunst etwas weitergeben, was ihn selbst berührt und bewegt.

In seiner Galerie bietet er zeitgenössischen Künstlern ein Forum, zeigt aber auch schon einmal Teile seiner privaten Glassammlung und natürlich eigene Werke. Horst Stauber entstammt einer Familie, die eng mit dem Thema Glas verbunden ist. Im Betrieb des Großvaters und Vaters erlernte er das Glasschleifer-Handwerk, absolvierte dann die Glasfachschule Zwiesel und hängte Ausbildungen unter anderem in Wien und Venedig dran. Für seine Arbeiten wurde er mit renommierten Preisen ausgezeichnet. Die Objekte im Fenster – wie eine Schale, die er aus geschmolzenen Bierflaschen geformt hat – kann man als Gebrauchsgegenstände nutzen oder »nur« als Kunst sehen.

Am Residenzplatz stellen nicht nur regionale Künstler aus, sondern auch Kunstschaffende von weiter weg. Enge persönliche Verbindungen gibt es vor allem nach Österreich und Italien. Staubers Glaskunst kann man auch beinahe in Sichtweite seiner Galerie bewundern: Für die Theke des Café Minoo – an dem Ort, an dem er einst seine erste Galerie eröffnete – hat er ein fünf Meter langes Relief geschaffen. Wenn die Galerie geschlossen ist, trifft man den »Horst« in den Lokalen der Umgebung, wo er gerne ein Achterl guten Wein genießt.

Adresse Residenzplatz 3, 94032 Passau-Altstadt | Öffnungszeiten Di–Fr 11–13 und 17–19 Uhr | Tipp Das Schild von Kolonialwaren Gerstl ist alt, das Angebot des Lebensmittelhändlers ist neu und richtet sich vor allem an die vielen Studenten, die in der Altstadt leben.

28 Die Galerie Wildner

Spezialist für die Donau-Wald-Gruppe – und mehr

Beinahe vier Jahrzehnte betreibt Wolfgang Wildner seine Galerie in der Kleinen Klingergasse. Mit seiner Expertise und seiner Ausrichtung ist er ziemlich allein auf weiter Flur. Und obwohl der Handel mit Kunst zu großen Teilen ins Internet abgewandert ist, hat sich der Kunsthistoriker trotz erheblicher Schäden nach dem letzten Hochwasser entschlossen weiterzumachen.

Auf den etwa 120 Quadratmetern seiner Galerie hängt viel Kunst – vor allem zeitgenössische, klassische Kunst. Bei Wildner findet man Originale von Arnulf Rainer oder Elvira Bach und durchaus auch das ein oder andere Werk von Expressionisten wie Max Pechstein oder von Marc Chagall. Inzwischen kommen allerdings meist mehr Verkäufer als Käufer durch die Türe – mit durchaus interessanten Angeboten. Und so stellt der Galerist nur etwa vier bis fünf Prozent der Bilder aus, die er erworben oder in Kommission genommen hat. Woran das liegt? Die Generation der Erben verkauft die Bilder der Vorfahren, sei es, weil sie nichts damit anfangen kann oder weil es ihr an Platz mangelt.

Wildner hat sich neben zeitgenössischer Kunst auf Alfred Kubin und auf Künstler der Donau-Wald-Gruppe spezialisiert. Diese Gruppe wurde 1946 gegründet und löste sich 1990 auf. Ihr gehörten unter anderem Heinz Theuerjahr und Willi Ulfig an. Die Sammlung des Museums Moderner Kunst basiert zu einem Großteil auf den Werken der Gruppe, für die der Museumsstifter Hanns Egon Wörlen Mentor war. Sein Vater Georg Philipp Wörlen hatte die Gruppe mitbegründet.

Für Wolfgang Wildner bedeutet es immer wieder eine große Freude, wenn echte Kunstliebhaber den Austausch suchen und Sammler aus weiter entfernten Ländern gezielt zu ihm kommen. Im Übrigen hat auch das Haus, in dem sich seine Galerie befindet, eine künstlerische Vergangenheit: Hier lebten die Maler und Grafiker Prof. Hermann Mayrhofer (1901–1976) und seine Schülerin Gretli Fuchs (1917–1995).

Adresse Kleine Klingergasse 8, 94032 Passau-Altstadt | **Öffnungszeiten** Di–Fr 10–17.30 Uhr, Sa 10–12.30 Uhr | **Tipp** Der Uhrmachermeister Georg Eggert in der Kleinen Klingergasse 4 stellt längst keine Uhren mehr her. Doch auch im Smartphone-Zeitalter ist er ein gefragter Reparateur.

29 Das Gasthaus Zur Fels'n

Eine Frau unter vielen Männern

Bis zum ersten Stock stand es im Jahr 2013 unter Wasser, das uralte Gasthaus, das schon lange keines mehr war. Es hatte 1999 seine Türen endgültig geschlossen. Das unter Denkmalschutz stehende Gebäude aus der zweiten Hälfte des 18. Jahrhunderts samt Kellerhaus (im Volksmund »Salettl«) verfiel. Bis zu ihrem Tod 2012 lebte die Frau, die das Haus von ihrem Vater geerbt hatte, hier allein mit sehr begrenzten finanziellen Mitteln. Danach ging das Objekt als Zwangserbe in den Besitz des Freistaats Bayern über. Dessen früherer Generalkonservator Prof. Johannes Greipl machte es sich zur Aufgabe, das historische Gebäude zu retten. Er gründete mit Stadtratskollegen und anderen Passauern den Verein Felsenfreunde e.V., der nun der Eigentümer ist.

1647 wurde das Wirtshaus zwischen Ilz und Felswand zum ersten Mal in einer Urkunde erwähnt. Die Einkehrstätte befand sich auf dem langen Weg der Salzsäumer von Passau nach Böhmen. Von 1868 bis 1897 gehörte das Gasthaus der legendären »Fels'n-Liesl« Elisabeth Weiß, aus deren Ära viele launige Anekdoten kolportiert werden. Alle möglichen Gäste gaben sich bei ihr ein Stelldichein: Offiziere, Beamte, Akademiker und Gymnasiasten. Die Wirtin war so berühmt, dass der Historienmaler Ferdinand Wagner sie (und ihr Gasthaus) im Ratskeller als einzige Frau zwischen lauter Männern verewigte.

Befunduntersuchungen im Auftrag der Felsenfreunde ergaben, dass das Gasthaus in der Mitte des 16. Jahrhunderts gebaut worden sein muss. Seither wurden Hauptgebäude und Kellerhaus immer wieder instandgesetzt und modernisiert. Die lange Leidens- und (Über-)Lebensgeschichte der »Fels'n-Liesl« würdigen die Felsenfreunde mit ihrer denkmalgerechten Instandsetzung. Bis 2020 soll das einstige Traditionsgasthaus zu einem belebten und belebenden Stadtteiltreff für die Ilzstadt werden. Im Obergeschoß entsteht eine Wohnung.

Adresse Freyungerstraße 14, 94034 Passau-Grubweg | **Anfahrt** A 3, Ausfahrt Passau-Nord, der Donau folgen, am Ende der B 12 links abbiegen, nach 300 Metern erscheint das Gasthaus rechts | **Tipp** Elisabeth (Elise) Weiß, genannt »Fels'n-Liesl« (1818–1897), ist auf dem Ilzstadt-Friedhof St. Bartholomäus begraben.

30 Der Geistliche Weg

Am Labyrinth beginnt die Besinnung

Wer meint, dass es in einem Stadtpark nur Bäume, Blumen und Wiesen gibt, der irrt – zumindest wenn es um den Park im Stadtteil Hacklberg geht. Wenn man bei einem Spaziergang nicht »nur« Grün, Wald und Natur genießen möchte, dann kann man sich hier auf den »Geistlichen Weg« begeben. Dieser beginnt bei der Pfarrkirche St. Konrad mit einem gut versteckten Labyrinth am Vorplatz und der Einladung, »etwas anderes als das Gewohnte zu tun, ausgetretene Pfade zu verlassen, nicht nur bis zur Klosterkirche Freudenhain, sondern in die Tiefe zu gehen«. Der Weg hat neun verschiedene Stationen mit Texten zum Nachdenken und Plätzen zum Ausruhen. In unmittelbarer Nähe zur Stadt findet man zwischen altem Baumbestand so eine gute Gelegenheit zur (Selbst-) Besinnung.

Die Idee dazu wurde anlässlich eines runden Jubiläums der Pfarrei geboren. Laut Pastoralreferent Hans Anetzberger stand der Gedanke dahinter, nicht nur zu feiern, sondern etwas Bleibendes zu schaffen. Viele Hacklberger gingen früher durch den Wald den Weg zur Klosterkirche nach Freudenhain, als es die Kirche St. Konrad noch nicht gab. Deswegen haben sich die Mitglieder des Pfarrgemeinderats diese Strecke für ihren Geistlichen Weg ausgesucht – und konkret eigentlich nur die erste und letzte Station (eine Erdkugel, die Kinder in den Händen halten) gestaltet. Der große Rest ergab sich durch die Wegstrecke: ein Baum, ein Wegkreuz, eine Brücke … die Natur und die örtlichen Gegebenheiten inspirierten die Initiatoren zu den Themen und den entsprechenden Texten. In der Kirche findet man eine Beschreibung und Gedanken zu den einzelnen Stationen. Inzwischen wurde der Weg, nicht zuletzt auch mit Hilfe der Passauer Stadtgärtnerei, renoviert. Wer tatsächlich im Labyrinth startet, dem eröffnen sich schon zu Beginn je nach Blickwinkel zwischen Stadt, Wald und Kirchturm ständig neue Perspektiven. Das gefällt nicht nur Kindern.

Adresse Freudenhain, 94034 Passau-Hacklberg | ÖPNV Buslinie 7, Haltestelle Plantage, Start ist in der Schulstraße 43 | Tipp In Hacklberg befindet sich der schönste (und größte) Biergarten der Dreiflüssestadt. Beim Bräustüberl sitzt man gut beschattet unter alten Kastanienbäumen.

31 Der Glaspalast

Beschwingtes Panorama

Man kann sich kaum einen besseren und geeigneteren Mieter für diesen speziellen Ort vorstellen als einen Fotografen, korrekter: diesen Fotografen. Florian Weichselbaumer ist ein Freak, ein Foto- und Videofreak. Er macht mit seinem Team besondere Fotos und dreht besondere Image- und Event-Videos, am liebsten an ungewöhnlichen Plätzen auf der ganzen Welt. Für die Passauer »Homebase«, sein riesiges Studio mit mehr als 500 Quadratmetern, hat er exakt eine solche Szenerie gefunden. Mit einem der traumhaftesten Ausblicke auf die Stadt. Der Clou ist eine Schaukel, auf der man sich das Panorama mindestens von der Neuen Mitte bis zur ersten Donaukurve in Richtung Österreich sanft erschwingen kann. Es sei denn, man hat als Kunde oder Gast die Möglichkeit dazu. Ein Anblick zum inneren Niederknien: Am Abend spiegelt sich die Innstadt- und Altstadtkulisse bei Sonnenuntergang in den hohen Fenstern des Glaspalasts.

Den kann man vom unteren Teil der Wallfahrtsstiege Mariahilf (von außen) sehen. Das um 1870 umgestaltete Gebäude war einmal Teil des ehemaligen Kapuzinerklosters in der Innstadt und wurde unter anderem als Refektorium genutzt. Später war es unter verschiedenen gastronomischen Betreibern der Sommerkeller der Innstadt Brauerei, Tanzsaal, Veranstaltungsort, Trinkhalle mit Wintergarten. Seine Glanzzeit erlebte der Glaspalast um das Jahr 1900. Mit dem Zweiten Weltkrieg war endgültig Schluss. Das Gebäude verfiel, ein Teil wurde in Wohnungen umfunktioniert.

Im Zuge der Neugestaltung des gesamten Brauerei-Areals zum Innstadt-Quartier wurde auch der Glaspalast aus seinem Dornröschenschlaf erweckt und generalsaniert. Es entstanden vier preisgebundene Familienwohnungen und die Gewerbefläche, die das Studio Weichselbaumer bezogen hat. Um ein angenehmes Raumklima entstehen zu lassen, wurde ein Glaskubus in der äußeren Fassade geschaffen. Hier hängt auch die Schaukel.

Adresse Innstadtkellerweg 11, 94032 Passau-Innstadt (Den besten Blick auf den Glaspalast hat man am Innufer der Ortsspitze.) | **Öffnungszeiten** nicht öffentlich zugänglich | **Tipp** Frische Semmeln oder Brezen kauft man in der Innstadt am besten direkt bei der Bäckerei Ratzinger in der Löwengrube 6. Bereits seit 1777 wird in der denkmalgeschützten Backstube Brot gebacken.

32 Die Glasscherbenvilla

Bruchstücke mit einem Plan

Wenn man die Ostuzzistraße nach unten geht, blinkt, glänzt und funkelt es auf der rechten Seite. Vor allem an Sonnentagen. Denn dort steht ein ganz besonderes Gebäude. Die Passauer nennen es Glasscherbenvilla. Aristide Ostuzzi hat es geplant, als schlichtes, dreigeschossiges Wohnhaus, das von der Stadt 1901 prompt genehmigt wurde. Doch der italienische Architekt hat dann etwas Einzigartiges geschaffen. Die Fassade ist mit vielen farbigen Bruchstücken aus Glas und Porzellan (Teller, Krüge, Vasen und sogar Christus- und Heiligenfiguren) »gespickt«. Die Farbe Grün dominiert. All die Scherben sind nach einem Plan angeordnet. Sie bilden Blütenornamente und geometrische Muster. Die Deutsche Stiftung Denkmalschutz, die an der Sanierung des Hauses 100 Jahre später beteiligt war, nannte das Haus »ein Märchenschloss, das ein findiger Baumeister der Bürokratie abgetrotzt hat«.

Ostuzzi haben wohl die Grottenbauten der Renaissance und des Barocks inspiriert, und wahrscheinlich kannte er auch Fassadendekorationen im Bayerischen Wald. Dort haben die Glaser in Zwiesel, Spiegelau oder Bodenmais – in einem wesentlich bescheideneren Stil – ihre Häuser mit Glasstücken aus dem Glasbruch ihrer Hütten verziert. Von dort stammen auch die Glasscherben, die in Passau verwendet wurden. Es entstand ein einzigartiges Gebäude, das Elemente der italienischen Renaissance, des italienischen Barocks und des Jugendstils besitzt. Es hat zwei Erkertürme mit hohen Turmspitzen.

2016 wurde die Ostuzzi-Villa versteigert. Ein Gutachter schätzte den Verkehrswert des Hauses auf 760.000 Euro. Ein Passauer Privatmann wurde mit einem Höchstgebot von 1,19 Millionen Euro neuer Eigentümer des Baudenkmals. Die Villa mit ihren elf Wohnungen ist nicht nur einzigartig in der Passauer Stadtarchitektur, sondern auch ein Baudenkmal, für das es deutschlandweit keinen Vergleich gibt.

Adresse Ostuzzistraße 3, 94032 Passau-Haidenhof | **ÖPNV** Buslinie 5/6, Haltestelle Auerspergstraße, nach wenigen Metern auf der linken Seite zu sehen | **Öffnungszeiten** nur von außen zu besichtigen | **Tipp** Fährt man die lange Neuburger Straße stadtauswärts, kann man das Autohaus Hofbauer ansteuern. Der alteingesessene Opel-Autohändler unterhält ein kleines Oldtimer-Museum.

33 Das Glockenspiel im Turm

Der Bi-Ba-Butzemann vom Rathausplatz

Ob mit oder ohne Menschen davor, die mit ausgestrecktem Arm in die Höhe deuten: Der Rathausturm ist ein beliebtes Foto-Objekt. Das liegt aber weniger daran, dass der Bau an sich besonders berühmt oder eindrucksvoll wäre, sondern ist eher darauf zurückzuführen, dass eine Hochwassersäule anschaulich macht, was die Dreiflüssestadt schon alles mitgemacht hat. Die Katastrophe von 2013 war die zweitschlimmste in der Geschichte. Am 3. Juni stand der Donau-Pegel am Abend bei 12,89 Metern. Damit übertraf er das »Jahrhunderthochwasser« von 1954 (12,20 Meter). Nur 1501 war es mit 13,20 Metern noch schlimmer.

Der 38 Meter hohe neugotische Turm des Alten Rathauses wurde Ende des 19. Jahrhunderts errichtet – zunächst mit einem Dachreiter, einer acht Meter hohen Spitze, die 1938 wieder abgesägt wurde, weil sie baufällig gewesen sein soll. Seit dem Zweiten Weltkrieg war der Turm jahrzehntelang tonlos. 1991 wurden 23 Bronzeglocken aufgehängt, die heute dreimal am Tag vollautomatisch erklingen. Das Repertoire umfasst 88 Lieder und Tonfolgen. Bei der Musikauswahl wurden neben Hymnen auch volkskundliche Sammlungen wie die des Bezirksheimatpflegers Dr. Maximilian Seefelder einbezogen; außerdem Weihnachtslieder und Kinderlieder (»Bi-Ba-Butzemann«).

Die meisten Stücke haben aber durchaus mit Passau und seinen Bürgern und Besuchern zu tun. Sie stammen beispielsweise von Hof- und Domkomponisten wie Leonhard Paminger oder Benedikt Anton Aufschnaiter oder auch von durchreisenden Musikern wie Wolfgang Amadeus Mozart.

Die Glocken haben ein Gesamtgewicht von 1.730 Kilo. Die größte wiegt rund 450 Kilo, die kleinste ist »nur« zwölf Kilogramm schwer. Finanziert wurden die Glocken durch Spenden. Mit Ausnahme der größten »Glocke 1« tragen sie die Namen der jeweiligen Spender. Die Glocke 1 wurde von 50 Spendern gemeinsam finanziert.

Adresse Rathausplatz 2, 94032 Passau-Altstadt | Öffnungszeiten nur von außen zu besichtigen, Glockenspiel täglich um 10.30 Uhr, 14 Uhr und 15.30 Uhr | Tipp Im Ratskeller findet man eine Darstellung des verheerenden Stadtbrandes von 1662 sowie des Passauer Tölpels. Der Gewölbesaal wurde von dem Historienmaler Ferdinand Wagner ausgemalt.

34 Die Goldhaube

Ein hochkarätiges Dach

Der Kirchenmaler und Vergolder Christoph Neumeyer hat in sieben Metern Höhe ein Blechdach mit mehreren hundert Blatt 23-karätigem Gold überzogen. Ideen- und Geldgeber für dieses Projekt war eine Unternehmerfamilie, die der Stadt anlässlich des 111-jährigen Firmenjubiläums ihrer Bilderrahmen-Manufaktur Spagl 2012 dieses Geschenk machte. Dabei handelt es sich wohl um das einzige Echtgold-Dach in Passau. Die Form erinnert an die Kopfbedeckung der Passauer Goldhaubenfrauen.

Die Goldhaube entstand Ende des 18. Jahrhunderts in Linz und kam von dort nach Passau. Die Kunst des Goldhaubenstickens übten früher meist gewerbliche und spezialisierte Haubenmacherinnen aus. Inzwischen sticken die Goldhaubenfrauen ihre Kopfbedeckungen selbst, oder sie haben das Glück, eine Goldhaube zu erben. Bis so ein wertvolles Stück fertig ist, kann das je nach Aufwand bis zu 700 Stunden dauern. Elfriede Hein gehört zu den Gründungsmitgliedern. Für ihre persönliche Goldhaube benötigte sie 480 Stunden. Sie hat sie stolz auch bei vielen offiziellen Anlässen getragen, etwa als Repräsentantin der Stadt bei der Steuben-Parade in New York.

Heute gefertigte Hauben bestehen meist aus vergoldetem Material. Dazu passend werden zu festlichen Anlässen meist Seidenkleider nach Biedermeier-Schnittmustern getragen. Ergänzt wird die Kleidung durch einen Wollschal mit türkischen Mustern, Schmuck, fingerlose Handschuhe, einen Spitzenschirm und ein kleines Sträußchen.

Die inzwischen fast 100 Goldhaubenfrauen – es mangelt nicht an Nachwuchs – sind eine Passauer Institution. Die Tradition im Passauer Land wurde 2015 in das Bayerische Landesverzeichnis des immateriellen Kulturerbes der UNESCO aufgenommen. Und sie inspiriert immer wieder zu Innovationen. Die Confiserie Simon etwa hat eine Pralinen-Spezialität kreiert: die Alt-Passauer Goldhauben mit einer 23-karätigen Blattgoldauflage.

Adresse Residenzplatz 6, 94032 Passau-Altstadt | Tipp Unter www.goldhauben-passau.de findet man die Termine der Passauer Goldhaubenfrauen, an denen man ihre Kunst live bewundern kann. Im klitzekleinen KaffeeInn um die Ecke gibt es selbst gemachten Kuchen und belegte Panini und Piadine.

35_Die Hall of Fame

Graffiti sprechen eine eigene Sprache

Ein Samstagnachmittag in Haibach: An dem abgelegenen Platz mit der langen Betonmauer hält ein Auto. Ein junges Paar steigt aus. Er hat eine Kamera mit und fotografiert sie vor bunt-wilder Graffiti-Kulisse. Insider wissen, dass dieser Ort Hall of Fame genannt wird. Es gibt ihn seit gut drei Jahrzehnten, und nicht nur Einheimische, sondern auch viele Graffiti-Sprüher aus ganz Deutschland, Österreich, der Schweiz oder Tschechien haben sich schon verewigt.

In Passau ist das die einzige Stelle, an der man sich graffititechnisch legal betätigen kann. Von schmalen Schriftzügen bis hin zu komplexen Konzeptwänden ist alles zu finden. Somit kann man das ganze Jahr über eine wechselnde Outdoor-Galerie mit verschiedenen Kunsteinflüssen betrachten. Graffiti haben ihre eigene Sprache. Den Künstlern geht es darum, ihr Revier zu markieren, um Spuren zu hinterlassen. Ihre Bilder sprechen für sie und sich. Anhand des Stils eines Sprühers kann man viel über die Person erfahren: Ist er in Details verliebt, oder hat er eher einen grobschlächtigen Stil, der auf massige Buchstaben und eine simple Farbgebung setzt?

Die Hall of Fame an der Staatsstraße 2125 ist ein Ort, der fasziniert. Es handelt sich um einen Platz am Rande der Stadt, den nicht viele kennen, aber an dem eine ansonsten eher geächtete Kunst ihren Freiraum bekommt. Wer nicht hier aktiv ist, lebt seine Kreativität illegal an Häuserfassaden oder Zügen aus; andere können von Auftragsarbeiten leben oder sind in Galerien und Museen präsent. Fabian Edenharder etwa hat diese urbane Ausdrucksform viele Jahre ausgelebt und dann Kunstpädagogik und -geschichte studiert, um sein Spektrum zu erweitern. Heute ist er als Kunstlehrer tätig. Bereits vor Jahren hat er an diesem Ort erste Veranstaltungen mit Künstlern aus ganz Süddeutschland organisiert, um auch Szenefremden die Kunstform Graffito näherzubringen.

Adresse Wiener Straße, 94032 Passau-Haibach | **ÖPNV** Buslinie 3/4 nach Achleiten, Haltestelle Haibach, Wiener Straße etwas zurückgehen | **Tipp** Ein Muss bei einem Passau-Besuch ist ein Ausflug ins nahe Österreich hinauf zum Blaas. Auch die Einheimischen lieben diesen Ort, nicht nur wegen der köstlichen Palatschinken. Die Aussicht auf die schwimmende Stadt ist einfach grandios.

36 Die Heilig-Geist-Kirche

Glasfenster als Glanzstücke

In der Heiliggeistgasse kennt man die Stiftschenke und den Stiftskeller, und wer sich für Kunst interessiert, schaut sich gerne Ausstellungen in der Sankt-Anna-Kapelle an. Die Heilig-Geist-Spitalkirche indes, die mit dem Spital 1345 von dem Patrizier Urban Gundacker und seiner Frau gestiftet wurde, ist bislang nur einem exklusiven Kreis vorbehalten. Die Heiliggeist-Stiftung öffnet die Türen nur für Veranstaltungen.

Dabei gehört die Kirche zu den Kleinodien Passaus. Das liegt vor allem an ihren historistischen Glasfenstern. Der Münchner Glasmaler Joseph Scherer hatte 1864 und 1865 drei von ihnen geschaffen. Sie zeigten die »Krönung der heiligen Jungfrau Maria«, die zwölf Apostel und das Wappen des Passauer Bischofs Heinrich von Hofstätter, der die Fenster gestiftet hatte. Das weltweit tätige Familienunternehmen Scherer zählte zu den bedeutendsten Glasmalerwerkstätten des 19. Jahrhunderts. Doch bereits 50 Jahre später wurde diese Kunst schon nicht mehr geschätzt. Nach dem Zweiten Weltkrieg wurde die Heilig-Geist-Kirche vom »Kitsch« des 19. Jahrhunderts befreit und neu gestaltet. Die Fenster wanderten auf den Speicher.

2007 entdeckte der angehende Kunsthistoriker und Denkmalpfleger Dr. Markus T. Huber große Teile der einstigen Ausstattung, darunter auch die teilweise zerbrochenen Fenster. Eine kleine Sensation, zumal kaum Scherer-Werke erhalten sind. 2008 sorgte der damalige Generalkonservator Egon Johannes Greipl dafür, dass Fensterfragmente im Rahmen einer Ausstellung präsentiert wurden. Ein Förderverein sammelte erfolgreich Geld für deren Restaurierung. Die Scherben wurden sortiert, gereinigt und wie ein Puzzle zusammengesetzt. Nach der Instandsetzung des ehemaligen Kirchenraumes baute man die Fenster 2014 wieder ein. 2016 wurde der Veranstaltungsraum eröffnet. Für die vorbildliche Sanierung der Kirche gab es den Denkmalpreis des Bezirks Niederbayern.

Adresse Heiliggeistgasse 8, 94032 Passau-Altstadt | Öffnungszeiten bei Veranstaltungen | Tipp Das Bettenhaus Mühldorfer in Haidmühle im Bayerischen Wald fertigt seit einem Jahrhundert hochwertige Daunen- und Faserbettwaren für Privatpersonen und die Top-Hotellerie weltweit. In der Heiliggeistgasse 9 gibt es einen eigenen Laden.

37 Die Heimat von MyMuesli

Ideenschmiede rund um das Frühstück

Wer an dem Laden vorbeigeht und die Marke nicht kennt, fragt sich, was sich wohl in den vielen farbenfrohen zylinderförmigen Behältnissen in den Regalen befindet. Dass es Müsli ist, erkennt man erst beim näheren Hinschauen – oder wenn jemand ein Schälchen auslöffelt. Im Shop des Cerealien-Spezialisten MyMuesli gibt es fertige Müsli-Mischungen in nahezu allen erdenklichen Varianten: Bircher, Schoko, ohne Zuckerzusatz, gluten-, laktose- oder fructosefrei, vegan, ohne Nüsse, für Diabetiker, ohne Rosinen, mit Chia-Samen. Hier kann man die Müslis probieren und einen Kaffee oder Tee trinken. Es gibt auch ein spezielles Passau-Müsli.

Das vielfach prämierte Vorzeige-Unternehmen aus Passau hat den Verkauf gleich ums Eck in der Rosengasse gestartet und sich binnen eines Jahrzehnts von einem Start-up zur Ideenschmiede rund um das Frühstück entwickelt. Die Gründer Max Wittrock, Philipp Kraiss und Hubertus Bessau gelten immer noch als die »Passauer Müsli-Jungs«. Dabei haben die ehemaligen Studenten inzwischen ein grenzüberschreitendes Müsli-Imperium geschaffen, mit einem Online-Shop und immer mehr Läden. Das Bio-Müsli wird nach wie vor in der Passauer Manufaktur gemixt, abgefüllt und verpackt. Auch durch einen millionenschweren Neubau bekennt sich das Unternehmen zu seinen niederbayerischen Wurzeln. In ihrem Buch »machen« reflektieren die Chefs das Thema Gründen in einer Kleinstadt – für viele ein No-Go, dabei hat die Start-up-Provinz durchaus Vorteile: niedrigere Mieten, eine höhere Aufmerksamkeit und eine engere Mitarbeiterbindung. Für die Müsli-Macher war Passau offensichtlich das richtige Pflaster. Ihre Geschäftsidee: Bio-Müsli, das man sich online selbst komponieren kann – in 566 Billiarden Varianten. Der 2009 in Passau eröffnete Laden war das erste stationäre Geschäft und zunächst nur ein Experiment, das Vorbildcharakter für das Unternehmen und eine ganze Branche hatte.

Adresse Theresienstraße 5, 94032 Passau-Altstadt | Öffnungszeiten Mo–Fr 8.30–19 Uhr, Sa 9–18 Uhr, So 10–17 Uhr | Tipp Die evangelische Stadtpfarrkirche St. Matthäus wurde 1859 nach Plänen des Münchner Hofbaumeisters Friedrich Bürklein im Stil der Neugotik erbaut.

38 Die Hofapotheke

Glifft-Schmiere und Blähsucht-Tropfen

Sie fällt (angenehm) aus der Zeit: Die Hofapotheke zum Schwarzen Adler am Residenzplatz gibt es schon seit dem 14. Jahrhundert. Einst versorgte sie ausschließlich den bischöflichen Hof. In seinem Testament von 1384 will der Apotheker Niclo für eine großzügige Spende im Domkreuzgang bestattet werden – ein Wunsch, der ihm offenbar erfüllt wurde. Niclo gilt als erster bekannter Hofapotheker. Den besonderen Status als Hofapotheke der Passauer Fürstbischöfe dokumentierten die Eigentümer durch das fürstbischöfliche Wappen. Die Pharmazie am Residenzplatz ist eine der ältesten Apotheken Deutschlands und die älteste in Bayern. 2010 wurde sie gar zur schönsten Apotheke Deutschlands gekürt.

Der dreigeschossige Bau mit der barocken Fassade ist nicht nur von außen sehenswert. Die ursprüngliche Ausstattung aus dem Jahre 1650 wurde dem Oberhaus-Museum gestiftet, die heutige Einrichtung aus massiver Eiche stammt von 1860. Die bunte Stuckdecke wurde von dem italienischen Baumeister Giovanni Battista Carlone geschaffen. Darunter stehen dunkelbraune alte Apothekerschränke mit kunstvoll verzierten Schnitzereien.

Nach alten tradierten Rezepten, die in einem historischen Buch, dem Manuale, fixiert sind, werden auch heute noch Arzneien gemischt, die es so nur in der Hofapotheke gibt: Hühneraugen-Tinktur, Hirnvieh-Pulver, Blähsucht-Tropfen oder Locken- und Kräuselwasser. Das sind zwar keine Verkaufsrenner, ein Klassiker bei der Kundschaft ist aber noch immer die sogenannte »Glifft-Schmiere«, die gegen rissige und raue Stellen an Händen und Füßen helfen soll. Wolfgang Zormaier schätzt die Historie des Hauses und hält sie in Ehren. Seine Familie führt die Apotheke in der achten Generation. Wie lange das noch gehen wird, ist allerdings unklar. Auch bei den Apotheken geht der Trend zu immer größeren Ladeneinheiten, und inzwischen gibt es auch keinen Mediziner mehr in dem Gebäude.

Adresse Residenzplatz 12, 94032 Passau-Altstadt | Öffnungszeiten Mo–Fr 8–18 Uhr, Sa 8–12.30 Uhr | Tipp Das Gasthaus zum Hoffragner ist ein wunderbares Wirtshaus im Herzen der Altstadt – mit feinen Speisen.

39 Die Hofbibliothek

Barock, Rokoko und reichlich Prunk

Schon das Treppenhaus der Neuen Residenz mit den prächtigen Stuckarbeiten von Johann Baptist Modler ist atemberaubend. Es zählt zu den Kostbarkeiten des süddeutschen Rokoko. Das Deckengemälde von Johann Georg Unruhe zeigt den griechischen Götterhimmel als Beschützer von Passau. Über die Stiege gelangt man – in der ersten Etage – zur einstigen fürstbischöflichen Barock-Bibliothek. Sie ist inzwischen Teil des Domschatz- und Diözesanmuseums. Sofort geht der Blick nach oben zu den phantastischen Fresken. Kardinal Johann Philipp von Lamberg hatte 1694 Johann Carlone, der aus einer bedeutenden Künstlerfamilie in Norditalien stammt, mit der Gestaltung betraut. Der lang gestreckte Saal der Passauer Hofbibliothek wurde Carlones Meisterwerk. Von 1984 bis 1986 wurden die Fresken restauriert und können wieder in ihrer ganzen Pracht bewundert werden: Ein Palast des Wissens und des Glaubens öffnet sich nach oben zu einem ovalen Fresko – Apoll herrscht über seine neun Musen. Die umlaufenden Deckengemälde sind eine Aufforderung, sich mit allen in der Bibliothek vorhandenen bedeutenden Wissensgebieten zu befassen. An der Westwand werden etwa die drei Künste Architektur, Malerei und Bildhauerei dargestellt.

Ganz hinten, am Ende des Raumes, erstrahlt eine prachtvolle Goldmonstranz mit einem Hostienbehältnis in Herzform (um 1670), umrahmt von Smaragden und Rubinen, neben einem Kruzifix: ein etwa 85 Zentimeter hohes silbernes Standkreuz, auf dessen Sockel man eine vergoldete Breze und einen Wecken erkennt – eine Stiftung der Bäckerzukunft, die auf etwa 1480 datiert wurde.

Im zweiten Obergeschoß wohnte früher der Fürstbischof und bis 1971 der Bischof. Ihre Repräsentations- und Prunkräume galten als die eleganteste Rokoko-Raumfolge zwischen München und Wien. Nach umfassenden Renovierungsarbeiten sind sie der Öffentlichkeit wieder zugänglich und gehören zum Domschatzmuseum.

Adresse Residenzplatz 8, 94032 Passau-Altstadt | Öffnungszeiten 2. Mai – Okt. Mo – Sa 10 – 16 Uhr | Tipp Am Samstag findet der Markt am Domplatz statt. Nicht nur die Kulisse ist besonders, sondern auch die Atmosphäre. Hier treffen sich nicht nur die Altstadtbewohner beim Gemüse- und Käseeinkauf.

40_Das Hornsteiner

Erinnerungen an eine Geigenbauer-Familie

In der Passauer Altstadt gibt es immer mehr Häuser mit einer reichen Geschichte, die sich für Gäste aufgehübscht haben und stolz ihr faszinierendes Innenleben präsentieren. Das Hornsteiner ist eines davon. Warum es so heißt? Weil hier im 19. und 20. Jahrhundert die berühmte Geigenbauerfamilie Hornsteiner gelebt und gewirkt hat. Doch das Gebäude am Steinweg ist schon viel älter. Es wird auf die zweite Hälfte des 17. Jahrhunderts datiert. Die wunderschön sanierte Fassade mit den geschweiften Fenstereinfassungen entspricht dem Zustand im 19. Jahrhundert.

Aus Aufzeichnungen geht hervor, dass das Haus 1719 vom Kloster Aldersbach an den Hof-Uhrmacher Peter Sedlmayer verkauft wurde und in der Folgezeit häufig den Besitzer wechselte. 1862 ging es an Johann I. Hornsteiner, dessen Vorfahren schon seit über 100 Jahren als Geigenbauer tätig waren. Mit seiner Kunst erwarb er sich rasch internationale Anerkennung, und seine Nachkommen (Johann II. und III. sowie Johannes Hornsteiner) setzten die Instrumentenbau-Tradition fort. Walter Hornsteiner verkaufte 1978 das »Musikhaus Hornsteiner«, das 2000 die Türen schloss.

Inzwischen ist das Haus Café und Pension. Die komplett unterschiedlich ausgestatteten Zimmer in den verschiedensten Größen bestechen durch den Charme des alten, verwinkelten Gemäuers, mit viel Stil und Liebe ausgesuchtes Mobiliar, alte Balken, Truhen, Stühle, viel Holz, weiße Vorhänge bis zum Boden, knarzende Dielen, überraschende Details wie (Turn-)Ringe an der Decke, ein Seil als Treppengeländer, moderne Küchen in den Suiten und vor allem durch phantastische Ausblicke: auf die Donau, auf die Dächer der Altstadt und je nach der Perspektive in die schmalen Gassen. Im Innenhof gibt es sogar ein Saunahäuschen aus Holz. Und wer sich nach einer Yoga-Pause sehnt, der geht einfach nur auf die andere Straßenseite. Inzwischen haben auch frisch Vermählte diese Adresse entdeckt – für die Hochzeitsnacht.

Adresse Steinweg 14, 94032 Passau-Altstadt | Öffnungszeiten des Cafés Mo–So 8–18 Uhr, Buchungen unter Tel. 0151/27007993 oder www.das-hornsteiner.de | Tipp Beim Treppenabgang zur Donau fällt der Blick auf eine der vielen Sonnenuhren in der Stadt: Das Exemplar am Steinweg dürfte wohl die bekannteste sein.

41 Das Hotel Cultellus

Fünf Meter breit, 17 Meter tief

Man muss schon stark von einem Traum beseelt sein, wenn man ein vom Verfall bedrohtes historisches Gebäude bewahren möchte. Ulrike Giermeier und ihre Familie waren sofort begeistert, als sie in der Tageszeitung entdeckten, dass ein denkmalgeschütztes Haus in der Kleinen Messergasse zum Verkauf stand. Und obwohl niemand in ihrem Umfeld von dem Projekt überzeugt war, packten die Giermeiers den Umbau des maroden Objekts an. Neun Monate lang war Ulrike Giermeier selbst täglich auf der Baustelle im Einsatz.

Das Anwesen war im 17. Jahrhundert im Besitz eines Messerschmieds. In dem viergeschossigen, im Kern aus dem 16./17. Jahrhundert stammenden Wohnhaus wollten die neuen Besitzer zunächst Studentenwohnungen einrichten, dann reifte aber schnell die Idee heran, ein kleines Altstadthotel daraus zu machen. Rund 17 Meter tief und nur fünf Meter breit ist das Haus. Diese Bauweise erlaubte es den zahlreichen Handwerkern im Viertel einst, Steuern zu sparen, da diese anhand der Anzahl der Fenster festgelegt wurden.

Fünf Zimmer hat das Hotel Cultellus, eines sogar mit eigener Dachterrasse. Hier haben die Gäste die Gelegenheit, einen Einblick in ein Altstadt-Haus zu bekommen. Die meisten schätzen die ruhige Lage in der sehr schmalen Gasse und haben kein Problem damit, dass sie nicht mit dem Auto direkt vor den Eingang fahren können.

Seit der Eröffnung des Hotels 2011 konnte Ulrike Giermeier viele Stammgäste gewinnen, die genau diese Atmosphäre suchen und genießen: Tagestouristen, Uni-Dozenten, Eltern von Studenten, Firmenkunden. Die Buchungen, den Empfang der Gäste, das Frühstück – die Chefin managt ihr Hotel ganz allein. Unterstützung hat sie nur beim Saubermachen. Ab sechs Uhr früh steht sie jeden Tag in ihrem Hotel und kümmert sich darum, dass ihre Gäste gut gelaunt in den Tag starten können – mit regionalen Produkten, selbst gemachter Marmelade und hausgemachtem Kuchen.

Adresse Kleine Messergasse 12, 94032 Passau-Altstadt, Buchungen unter Tel. 0851/49095204 oder www.hotelcultellus.de | **Tipp** Einen Altstadt-Spaziergang macht man am besten in der Früh oder gegen Abend. Dann ist man in vielen Gassen noch oder wieder fast allein.

42 Das Hut-Atelier Spatz

Textile Kunst auf dem Haupt

Sie hat den Hut auf: Elisabeth Spatz-Distler liebt Kopfbedeckungen und zeigt sich selbst stets gut behütet. In ihrem Atelier-Geschäft findet man Hut-Couture vom Feinsten. Damit ist sie auch immer wieder in den großen Mode-Zeitschriften vertreten. Wenn sie nicht gerade Kunden berät, sieht man die Passauerin durch das Fenster oft an der Nähmaschine sitzen.

Bei ihr gibt es alles, was man aufsetzen kann: Käppis, Stirn- und Haarbänder, Mützen, Haubenhüte, Federreife, Riesenhüte, zusammenklappbare Kofferhüte, Trauerhüte, Damenhüte, Herrenhüte, sogar kleine Törtchen für den Kopf. Alle Kopfbedeckungen sind Unikate und entstehen vom Design über den Schnitt bis zur handgefertigten Umsetzung in ihrer Werkstatt. Und Elisabeth Spatz-Distler ist immer wieder für Überraschungen gut. Als Passau im Jahr 2013 von einem dramatischen Hochwasser heimgesucht wurde, hat sie ihre Betroffenheit und die Empathie für die vielen Helfer in einer besonderen Kreation verarbeitet: Aus Sandsäcken entwickelte sie eine limitierte Auflage »Hochwasserkappen«.

Die Designerin will nicht nur interessante, schöne, besondere und attraktive Kopfbedeckungen entwerfen, sondern vor allem solche, die zu ihren Trägern passen, die deren Persönlichkeit und Lebenseinstellung, ihre Einzigartigkeit unterstreichen. Ihre Kundinnen und Kunden sind Menschen, die Qualität und Handgemachtes schätzen. Ob Pensionär oder Postbotin, Gastronom oder Gräfin – wer sich im Atelier Spatz für einen Hut begeistert, der möchte wissen, welche Materialien verwendet werden und wer hinter dem Produkt steht.

Die Geschäftsinhaberin ist vor langer Zeit aus der immer wieder überschwemmten Höllgasse umgezogen und hat in der breiten hellen Theresienstraße eine neue Heimat für sich und ihre bisweilen ein bisschen schrägen Hüte gefunden. Eigentlich recht passend, denn in ihrem Atelier sind auch alle Wände schräg …

Adresse Theresienstraße 25, 94032 Passau-Altstadt | Öffnungszeiten Mo–Fr 11–18 Uhr, Sa 11–15 Uhr | Tipp Das Ristorante »Zi'Teresa« gilt seit 1972 als Inbegriff italienischer Gastlichkeit.

43 Der Innstadt-Friedhof

Die letzte Ruhestätte für Lokalgrößen

Ob Bäckerei- oder Möbelhaus-Gründer, Heimatschriftsteller, Oberbürgermeister, über die Stadtgrenzen hinaus renommierte Künstlerin, bekannter Landarzt oder Brauerei-Besitzer: Hier liegen sie begraben. Auch für diejenigen, die wenig mit der Passauer Stadtgeschichte anzufangen wissen, lohnt sich ein Spaziergang über den Innstadt-Friedhof, der zu den schönsten Ruhestätten Bayerns gehören dürfte. Er besteht aus drei einzelnen Friedhöfen: dem kirchlichen, besser bekannt als Severinsfriedhof (rund um die Severinskirche), dem Hochfriedhof und dem Hauptfriedhof.

Bei einem Spaziergang durch die Anlage kann es passieren, dass man auf eine Entenfamilie trifft, die es sich zwischen den Gräbern gemütlich gemacht hat und dann fröhlich die Kieswege entlangwatschelt. Neben den Gräbern zahlreicher Lokalgrößen, die die Entwicklung der Stadt entscheidend mitgeprägt haben, gibt es auch eine Domherrengruft. Hier finden die Mitglieder des Domkapitels ihre letzte Ruhe.

Der Hauptfriedhof wurde 1878 angelegt. Bereits sechs Jahre später musste er erweitert werden. Damals kamen auch die sogenannten Arkadengräber hinzu. Nach einer zweiten Erweiterung wurde der Friedhof 1906 fertiggestellt. Eines der herausragendsten Bauwerke ist die Stockbauer-Gruft. Der Name Stockbauer ist mit der erfolgreichen Löwenbrauerei verbunden: 1873 hatte Franz Stockbauer als 20-Jähriger eine kleine Brauerei gekauft und sie zu einer der größten Braustätten Niederbayerns gemacht. 1938 ist Stockbauer kinderlos gestorben. Sein Vermögen hat er in eine gemeinnützige Stiftung eingebracht.

Den ältesten Grabstein findet man am heutigen Hochfriedhof: Der Erste, der hier 1772 beerdigt wurde, war ein Junge, der nur sieben Jahre alt wurde. Auf einer Tafel steht geschrieben: »Und danach der Erste in dies neugeweichte Erdreich ist begraben worden: Anton Peterhansl.«

Adresse Am Severinstor 9, 94032 Passau-Innstadt | **ÖPNV** Buslinie K2 nach Lindental, Haltestelle Friedhof | **Öffnungszeiten** täglich 7–19 Uhr | **Tipp** Im Restaurant »Culinarium« in der Lederergasse kann man im Sommer am alten Bahngleis sitzen – mit einer Traumaussicht auf die Inn-Seite der Stadt.

44 Das Institut für Spaß

Biologisch und cool

Der Mann scheint ein besonderes Gespür für Gutes (und auch für Marktlücken) zu besitzen. Und dafür, wie man Produkte und Dienstleistungen geschickt vermarktet. Dabei setzt er nicht auf den schnellen Euro, sondern auf seine persönlichen Überzeugungen und Interessen. Wenn das bei den Kunden ankommt, umso besser. Die Grundmotivation von Stefan Lang ist geprägt von Themen wie Regionalität und Nachhaltigkeit, doch cool soll es schon irgendwie auch sein, was er macht.

Seinen gastronomischen Start legte der Niederbayer mit dem rundum konsequenten Bio-Burger-Lokal »Zweite Heimat« in der Brunngasse hin. Dann entwickelte er gemeinsam mit dem Langlebenhof und dem Apostelbräu das »Heimat Kracherl«, das sich schnell ebenfalls zu einem Verkaufskracher entwickelte, nachdem eine Lebensmittelkette die Bio-Aroniabeeren-Brause in ihr Sortiment aufgenommen hatte. Einige Male prämiert wurde die Limonade übrigens auch schon. Die Rezeptur für den Bio-Sirup hat Lang selbst kreiert.

In den alten Bahnhofshallen gelang ein neuer Lang'scher Coup: Wo früher Fracht verladen wurde, ist jetzt das »Institut für Spaß und Gesellschaft« beheimatet. Der Burger-Mann betreibt es gemeinsam mit einem Kompagnon. Was für eine Ansage: In der kultverdächtigen Veranstaltungsstätte zwischen den Bahngleisen, mit alten Rohren und Balken, sollen an die 400 Gäste feiern können: Geburtstage, Betriebsfestivitäten, Afterpartys nach der Rückkehr eines Partyschiffs. Um den gastronomischen Part kümmern sich Lang und Co. Vor allem die Bar liegt dem quirligen Unternehmer am Herzen. Er wäre nicht er, wenn es an der großzügigen Theke nicht auch Heimat-Kracherl-Mixturen gäbe, etwa mit Gin oder Wodka. Die Bilder stammen von dem Passauer Künstler Sebastian Fürst. Und gleich nebenan befindet sich quasi griffbereit ein großes Lager für die Aronia-Limonade.

Adresse Bahnhofstraße 33, 94032 Passau-Haidenhof | Öffnungszeiten Veranstaltungen auf www.facebook.com/InstitutPassau | Tipp Wer von Passau aus Großstadt-Luft schnuppern will – in zwei Stunden und 16 Minuten ist man mit dem ICE in Wien.

45 Das Journey

Die Reise zu Erdbeer-Wölkchen und Blaubeer-Mojito

Als Gymnasiast am nahen Leopoldinum hätte er sich nicht träumen lassen, dass er eines Tages ein paar Häuser weiter ein kleines Cocktailreich sein Eigen nennen würde. Hubert Scheungraber hat es »Journey«, Reise, genannt, weil er sich wünscht, dass seine Gäste bei ihm vom Alltag abschalten und bewusst etwas Gutes (ob mit oder ohne Alkohol) zu sich nehmen. Ein Besuch in seiner Bar soll ein Kurzurlaub für die Seele sein.

In der Tat kann man in dem geschichtsträchtigen Altstadt-Haus viel Neues kennenlernen. Der Chef ist ein Geschmacks-Freak, der immer wieder auf der Suche nach interessanten Kombinationen ist. Als einer der ersten Barkeeper in der Region hat er sich intensiv mit dem Thema molekulare Cocktails beschäftigt – er überträgt Produkt-Trends und Techniken aus der Küche (»Cuisine-Style«) gerne auf Getränke. Espumas werden bei ihm beispielsweise zu Erdbeerwölkchen. Außerdem gibt es Drinks mit Aromaperlen oder Cocktails in Würfelform.

An der Ecke Schrottgasse / Schustergasse ist sein Lokal in eine gut gehende Gastro-Szene eingebettet. In die Bar kommen Jüngere und Ältere, Einheimische und Leute, die zu Besuch in Passau sind. Sie trinken Wasser, Craft Beer, Wein – und natürlich Cocktails. Ein Dauerbrenner ist etwa der Moscow Mule mit Wodka und Ingwer-Limonade, serviert in einem Kupferbecher. Zu den eigenen Rezepten des Chefs gehört beispielsweise der Blaubeer-Lavendel-Mojito. Zusammen mit der Confiserie Simon hat Hubert Scheungraber eine besondere, zweischichtige Praline zu einem ganz speziellen Drink (»Poet und Alchimist«) kreiert.

Das Mixen und Shaken kann man bei ihm in einem Workshop lernen, auch als Gruppe. Gleich nebenan hat Scheungraber ein Ladengeschäft dazugemietet: Dort bietet er schöne Dinge rund um die Küche an, Weine, Spirituosen, Gewürze, Cocktail-Zubehör, einfach alles, was ihm schmeckt und was er selbst benutzt oder ausprobiert hat.

Adresse Schustergasse 1, 94032 Passau-Altstadt | Öffnungszeiten So–Do 19–2 Uhr, Fr, Sa 19–3 Uhr | Tipp Wer aus dem Journey kommt und auf einem Fußgängerschild einen kleinen Elefanten sieht, der kann seinen Augen ruhig trauen. An der Ecke Schustergasse hat sich ein Unbekannter einen Spaß erlaubt.

46 Die Kaffeerösterei Rabby

Mit Liebe gebrannt

Wer miterlebt hat, mit welcher Akribie und Hingabe der Ingenieur Christian Rabby Kaffeebohnen aussortiert, die nicht perfekt sind (einmal wenn er das Rohmaterial von den Säcken in Eimer umfüllt, und dann noch einmal während des Röstvorgangs), der mag vielleicht gar keinen industriell gefertigten Kaffee mehr trinken. Im Bratfischwinkel befindet sich die einzige noch aktive Rösterei der Region. Seit 1929 wird in diesem 1871 erbauten Haus Kaffee geröstet. Die renommierte Kaufmannsfamilie Beham hatte die Rösterei lange Zeit in ihren Kolonialwaren- und Feinkostladen integriert. 1981 gab man das Lebensmittelgeschäft auf und widmete sich ausschließlich dem Brennen von Kaffeebohnen.

2003 lernte der Maschinenbauer Rabby die Familie kennen und begeisterte sich für deren Metier. Die Passion war so groß, dass er 2009 das Geschäft übernahm. Das sieht heute noch genauso aus wie in den Jahrzehnten davor: ein kleiner Raum, der von einer großen Röstmaschine dominiert wird, ein paar Kaffeesäcke, Zubehör zum Abfüllen in die weiß-roten Tüten im Retro-Look. Der Chef handhabt auch noch (fast) alles so wie früher die Behams: Den Rohkaffee aus Mittel- und Südamerika bezieht er von dem gleichen Hamburger Importeur, und er »brennt« ebenfalls nur eine einzige Sorte ausschließlich für Filterkaffee, mit einer gasbefeuerten Maschine aus dem Jahr 1961. Und das fast täglich ganz frisch. Das schätzen viele Stammkunden nicht nur im Umkreis. Und es kommen immer wieder neue dazu, die sich ihren Kaffee, der so viel bekömmlicher sein soll, am Vormittag direkt abholen.

Wer noch mehr über Kaffee sowie alte und neue Kaffeehäuser in Passau wissen möchte, der hat bei einer kulinarischen Führung dazu Gelegenheit, die die Stadtführerin Sabine Altehage entwickelt hat. Wenn es von den Öffnungszeiten her passt, macht sie mit ihren Gästen immer gerne auch in der Rösterei Rabby Station. Kostproben gehören freilich dazu.

Adresse Bratfischwinkel 8, 94032 Passau-Altstadt | **Öffnungszeiten** Mo–Sa 10–12 Uhr | **Tipp** In der Roßtränke wurde seit 1259 Bier gebraut. 2008 ging die Ära der Peschl-Brauerei zu Ende. Geblieben ist eine Terrassen-Gaststätte.

47_Die Kastanienallee

Ein attraktiver Platz für alte Dinge

Kaum ein lokales Thema hat viele Passauer emotional mehr bewegt als die Diskussion über einen Hochwasserschutz an ihrer geliebten Innpromenade. Gigantisch groß war bei vielen die Angst, dass die Schokoladenseite der Stadt durch meterhohe Betonwände verschandelt wird und die denkmalgeschützte Kastanienallee verschwindet. Die Wogen haben sich geglättet, ursprüngliche Überlegungen und Planungen wurden modifiziert.

Es dürfte kaum einen Bewohner der Dreiflüssestadt geben, der hier nicht irgendwann einmal – im Idealfall verliebt – auf einem Bankerl gesessen und Enten und Schwäne auf dem Inn beobachtet hat. Fürstbischof Joseph Franz Anton Graf von Auersperg ließ gegen Ende des 18. Jahrhunderts eine Kastanienallee mit Sitzbänken anlegen und schuf so die Innpromenade. Die Attraktion schlechthin war bis November 2003 der Pemperlprater, das älteste Karussell der Welt mit Ringelstechen, an das viele Passauer nostalgische Erinnerungen knüpfen. Der Pemperlprater mit seinen 16 geschnitzten Holzpferden wurde von 1826 bis 1829 von Engelbert Zirnkilton gebaut. Die Musik kam anfangs von echten Musikern, später von einer Drehorgel. Angetrieben wurde das Karussell zunächst durch »Schubser«. Für die Passauer Buben war das ein begehrter Job, denn wer viermal das Karussell bewegte, durfte einmal gratis fahren. Seit 1926 dreht sich das Karussell mit der Kraft eines Elektromotors. Inzwischen gehört der Prater der Stadt und »taucht« immer mal wieder bei Festivitäten auf. Einen festen Standplatz gibt es nicht mehr.

Die Innpromenade steht aber noch für eine andere Tradition: Seit Jahrzehnten findet hier jeden zweiten und vierten Samstag im Monat ein Flohmarkt statt. Antiquitäten werden ebenso angeboten wie Trödelwaren und Gebrauchsgegenstände. Die Lage unter alten Kastanienbäumen und inmitten von Sträuchern und Blumen macht den Flohmarkt zu einem der schönsten in Niederbayern.

Adresse Gottfried-Schäffer-Straße, 94032 Passau-Altstadt | Tipp Das Stadttheater gehört zu den wichtigsten und sicherlich schönsten in der Region. Im Jahr 1645 wurde es als Ballhaus errichtet und 1783 als Fürstbischöfliches Opernhaus eröffnet.

48 Die Keramikwerkstatt Auer

Fröhliche Fische und treue Touristen

Für eine Keramikwerkstatt ist das der ideale Ort. Mitten im beschaulicheren Teil der Altstadt sitzt Thomas-Maximilian Auer zwölf bis 14 Stunden pro Tag in seinem Atelier und entwirft, dreht, brennt, glasiert und bemalt seine Werke: Schüsseln, Pflanztöpfe, Objekte für den Garten wie fröhliche Fische, Krüge, Becher, Teller und ab und an auch einmal Ofenkacheln. Der Keramikermeister und -gestalter hat neben seiner Werkstatt einen Verkaufsraum eingerichtet, wo man die Palette seines Könnens besichtigen kann. Dazu gehört auch ein getöpferter Kachelofen – sein Meisterstück. In der wärmeren Jahreszeit befindet sich sein Schaufenster quasi direkt vor dem Haus.

Gerade amerikanische Touristen, die von den Kreuzfahrtschiffen kommen, schätzen handwerkliche Qualität und handgemachtes Geschirr. Nicht selten ordern sie bei ihm ein komplettes Service und lassen es sich in die USA schicken. Das Vorurteil, dass »die Amerikaner« in der Stadt nichts konsumieren und kaufen, kann der Handwerker nicht bestätigen. Das Interesse und die Wertschätzung der Touristen von jenseits des großen Teichs ermöglichen es ihm, genau die Dinge herzustellen, die er am liebsten produziert. In der Milchgasse kann man ihm unter einem altehrwürdigen Gewölbe dabei zusehen. Woher der Name Milchgasse kommt, ist nicht verbürgt. Im Kern sind die dreigeschossigen Häuser in diesem Gässlein, das man vor allem durch die renommierte Kabarett-Bühne »Scharfrichterhaus« kennt, spätmittelalterlich. Nach den Stadtbränden von 1662 und 1680 erhielten sie ihr jetziges Aussehen.

Auer freut sich immer ganz besonders, wenn Kinder und junge Leute zu ihm hereinschauen. Der Keramiker möchte gerne, dass sie verstehen, was der Unterschied zwischen handwerklicher Qualität (vor Ort) und industrieller Massenproduktion (beispielsweise made in China) ist. Dann nimmt er sich auch Zeit, um ihnen alles zu zeigen und zu erklären.

Adresse Milchgasse 12, 94032 Passau-Altstadt | **Öffnungszeiten** Mo, Do, Fr 9–17 Uhr, Sa 10–17 Uhr, während der bayerischen Schulferien Mo, Mi–Fr 9–17 Uhr, Sa 10–15 Uhr | **Tipp** Das Herbersteinpalais (mit einer Orangerie zum Inn hin) wurde in der zweiten Hälfte des 16. Jahrhunderts erbaut und beherbergt heute das Amtsgericht.

49__Die Kirche St. Ägidius

Ein Cortenkubus als Pforte zur Geschichte

Hinter einem Parkplatz und vor einem stillgelegten Bahngleis – zwischen der Kapuzinerstraße und dem Inn – steht ein ungewöhnliches Objekt. Mit respektvollem Abstand lehnt sich ein moderner Kubus an ein Gebäude, das einmal eine Kirche war. Und viele Passanten rätseln, was das Spannendes ist. Auch der Ort, an dem die Bauten stehen, ist in mehrfacher Hinsicht interessant. Hier befand sich einmal das ehemalige Römerkastell Boiodurum. Im 12. Jahrhundert wurden auf diesem Gelände ein Leprosenhaus und eine romanische Kirche samt Friedhof errichtet, die St. Ägidius gewidmet war – im Mittelalter einer der populärsten Heiligen. Die Ägidiuskirche war insgesamt fast 400 Jahre lang Pfarrkirche für die Innstadt. Nach der Säkularisation wurde sie 1815 profaniert. Im Inneren des Gebäudes entfernte man das Gewölbe, Zwischendecken und -mauern wurden eingezogen und die Fassade durch neue Fensteröffnungen verändert. Das Areal war und ist eine Fundgrube für Archäologen.

Im Jahr 2007 hat eine Schlosserfamilie aus Bad Höhenstadt im Landkreis Passau die ehemalige Kirche gekauft und dem früheren Gotteshaus mit viel Eigenleistung sowie mit der Expertise der Stadtarchäologie und des Denkmalamts seine ursprüngliche Anmutung zurückgegeben. Dabei wurden der alte Putz und Fresken freigelegt. Das niederbayerische Ehepaar hat es sich zur Aufgabe gemacht, den geschichtsträchtigen Ort zu bewahren und die Kirche trotz der neuen Nutzung wieder als Kirchenraum sichtbar zu machen. Der Cortenstahl-Kubus bildet eine interessante architektonische Ergänzung zum historischen Bestand. Uralte Fundamente der Kirche wurden stimmig in den modernen Anbau integriert, der zugleich den Eingang darstellt. Von hier aus hat man einen faszinierenden Ausblick auf den Inn, die italienische Seite der Stadt und auf das Dreiflüsseeck. Auf der Dachterrasse fühlt man sich ein bisschen wie ein Passagier auf einem der Kreuzfahrtschiffe in Sichtweite.

Adresse Kapuzinerstraße 61, 94032 Passau-Innstadt | **ÖPNV** Buslinie 3/4 nach Achleiten, Haltestelle Jesuitenschlössl, hinter dem großen Parkplatz Richtung Innufer | **Öffnungszeiten** nicht öffentlich zugänglich | **Tipp** Am ehemaligen Grenzübergang Achleiten wurde die Grenzstation durch eine Tankstelle ersetzt. Wegen der niedrigeren Benzinpreise in Österreich kommen viele Passauer zum Tanken hierher.

50 Die Kirche St. Peter

Kuriose Krippengeschichte

Es gibt Kirchen, die mag man erst auf den zweiten oder dritten Blick. Zu kühl, zu modern, zu steril – das könnte auch der erste Eindruck von St. Peter in Passau-Haidenhof sein. Doch irgendwann erkennt man (vielleicht bei einem Konzert?): Diese Pfarrkirche ist etwas Besonderes.

Weil die Zahl der Mitglieder der Mutterpfarrei St. Anton nach dem Zweiten Weltkrieg stark gewachsen war, machte man sich Anfang der 1960er Jahre an die Planung eines neuen Gotteshauses. Nach dem Dom ist dies heute der zweitgrößte Kirchenraum der Stadt. Aufgrund des Parabel-Grundrisses und der Strukturierung der Innenwand verfügt das Gebäude über eine hervorragende Akustik und wird daher gerne für geistliche Konzerte genutzt.

Der Münchner Architekt und Kirchenpionier Hansjakob Lill entschied sich für ein unverputztes rotes Ziegelmauerwerk. St. Peter hat keinen klassischen Kirchturm, sondern eine schiffsbugartige 25 Meter hohe Rundung, in der hoch oben auch die Glocken hängen. Die runde Schallöffnung dient als weithin sichtbare Uhr. Zur Neuburger Straße hin gibt es über die gesamte Höhe eine verglaste Ausbuchtung für das Tabernakel. Das Betonrelief über dem lang gestreckten Eingangsbereich stammt wie vieles im Interieur von dem Passauer Bildhauer Leopold Hafner. Rechts neben dem Haupteingang geht es in die Unterkirche, die mit rund 60 Plätzen für Werktagsandachten bestimmt ist.

Ein Kuriosum ist die Genese der 20 Quadratmeter großen Weihnachtskrippe. Sie wurde 1972 von den damals noch im nahen Sanatorium Kohlbruck wirkenden Mallersdorf-Schwestern an die Pfarrei übergeben. Ende der 1920er Jahre, kann man auf einem Plakat lesen, hat ein Patient namens Lubitzky aus Berlin die Krippe gestiftet. »Obwohl der Mann einfacher Arbeiter war, stiftete er eine so große Summe Geldes, dass schließlich die besten Münchener Krippenkünstler mit der Fertigung der Krippe betraut werden konnten.«

Adresse Neuburger Straße 118, 94036 Passau-Haidenhof | **ÖPNV** Buslinie 1/2 oder 8 nach Kohlbruck, Haltestelle Breslauer Straße | **Öffnungszeiten** täglich 9–19 Uhr | **Tipp** Das Schloss Haidenhof an der viel befahrenen Neuburger Straße hat seine Glanzzeit längst hinter sich. Die historische kleine Gartenanlage ist noch erhalten.

51 Das Klavierhaus Mora

Der Tastenflüsterer

Man hört öfter von Pferdeflüsterern – Menschen, die ein besonderes Gespür für Rösser haben. Es gibt aber auch Leute, denen liegt Musik im Blut. Carlos Mora ist so jemand, in der Welt der Tasteninstrumente ist er daheim. Er versteht ihren Klang und ihren Ausdruck wie wenige andere. Der gebürtige Spanier betreibt ein Klavierhaus, dessen Herz eine Werkstatt für Tasteninstrumente ist. Sein eigenes Herz schlägt für Klaviere und Flügel, obwohl er sich zunächst in eine Orgel verliebt hatte. Als der Diplom-Physiker aus Madrid beschlossen hatte, sich neu zu orientieren, kam er nach Deutschland, weil man hierzulande in diesem Metier die beste Ausbildung genießt. Er wurde Klavier- und Cembalobaumeister und hat sich über die Grenzen hinaus einen exzellenten Ruf erworben. Mit Passion »therapiert« er die Beziehungen zwischen Spielern und Instrumenten. Die Diagnosen finden stationär wie ambulant statt. Zu den Kunden zählen nicht nur die großen Pianisten dieser Welt, sondern auch Menschen, die Lust daran haben, mehr aus sich und ihren Instrumenten herauszuholen.

Die Zentrale der Mora'schen Tastenwelt befindet sich über einem Multiplexkino und neben einem Fitnessstudio mit Blick auf den Klostergarten. Hier kann man alte und gebrauchte Klaviere, Flügel oder E-Pianos kaufen und die Instrumente stimmen, warten und reparieren lassen. Es gibt Übungsräume, die nicht nur von Klavierlehrern, sondern auch von Schülern, Studenten und Musikbegeisterten genutzt werden können.

Der Clou ist das eigene Konzerthaus in einem acht Meter hohen Raum mit einer hervorragenden Akustik und einer intimen Atmosphäre. Die Passau-Ära des Klavierbaumeisters neigt sich allerdings dem Ende zu, denn mitten in Vilshofen hat Mora gut 20 Kilometer donauaufwärts eine eigene Immobilie gefunden. Das Konzerthaus bleibt den Passauern erhalten, denn als Nachmieter wurden die Festspiele Europäische Wochen gewonnen.

Adresse Nibelungenplatz 5, 94032 Passau | **Öffnungszeiten** Mo–Fr 10–12.30 und 13.30–18 Uhr, Sa 10–13 Uhr | **Tipp** Die Europäischen Wochen sind seit Jahrzehnten im Sommer eine Konstante im Passauer Kulturkalender.

52 Die Kleine Residenz

Auf den Dackel gekommen

Sie sind auf den Hund und ganz speziell auf den Dackel gekommen. Die Blumenkünstler Josef Küblbeck und Oliver Storz sind in Passau eine Institution. In ihrem Souvenirladen am Residenzplatz kann man nicht nur geschmackvolle Mitbringsel und bayerische Nettigkeiten erwerben. Hier begannen sie auch damit, ihre Dackelliebe zu zelebrieren, die dann in ein eigenes Museum in Sichtweite mündete.

Bei der »Kleinen Residenz« handelt es sich wohl um das einzige Dackelmuseum weltweit. Rund 2.000 Exponate rund um den Dachshund kann man dort bestaunen. Seit der Eröffnung an Ostern 2018 erlebt das Teckel-Thema einen solchen (medialen) Hype, dass immer mehr Objekte dazukommen. Und so ist die private Sammlung des Paars inzwischen schon auf etwa 6.000 Exemplare angewachsen.

Die Ausstellung erzählt die kleine Kulturgeschichte des beliebten Vierbeiners und versteht sich als Hommage an den Waldi. Das größte Stück ist eine vergoldete Gartenbank in Dackelform. Ansonsten gibt es Dackel als Christbaumschmuck, Wackeldackel, Glitzerdackel, Porzellandackel, Plüschdackel, Dackel als Ohrstecker, Dackel auf Fußmatten, und auch das Maskottchen der Olympischen Spiele 1972 hat einen Platz gefunden.

So viel Hundeliebe gefällt nicht jedem, der in der Stadt etwas zu sagen hat. Die Geschäftswelt ist jedenfalls auf den Dackelzug aufgesprungen und offeriert eine Dackel-Breze, eine Dackel-Pizza mit Würstchen oder gar ein Dackel-Wochenende. Fakt ist: Das Museum wurde rasch zu einer der beliebtesten Sehenswürdigkeiten der Stadt. Die Besucher kommen aus der ganzen Welt. Immer wieder passiert es, dass Touristen aus Übersee mit einem riesigen Zeitungsausschnitt voller Vorfreude über die Museumsschwelle treten. Übrigens müssen Dackel nicht draußen bleiben. Für sie ist der Eintritt frei, und sie bekommen sogar ein Freigetränk. Moni und Seppi, die Dackel der Besitzer, gehören ohnehin schon zum Inventar.

Adresse Große Messergasse 1, 94932 Passau-Altstadt | **Öffnungszeiten** während der Saison täglich 10–16 Uhr | **Tipp** Bei Passau7, dem Laden zur Post, kann man nicht nur Postgeschäfte abwickeln, sondern findet geschmackvolle Geschenke mit Passau-Bezug, die es sonst (fast) nirgendwo gibt.

53 Der Klostergarten

Die Oide Dult

Diese Veranstaltung weckt bei vielen Erinnerungen: an die Zeit, als der Klostergarten noch Exerzierplatz hieß und eine zubetonierte Parkfläche neben der Nibelungenhalle war. Zweimal im Jahr fand auf diesem Platz eine Dult statt: einmal die Mai- und einmal die Herbstdult. Der Besuch war für Passauer ein Muss. Man verabredete sich beim Autoscooter, fuhr Riesenrad, holte sich »an Emmentaler Kas« vom großen Laib oder gebrannte Mandeln und trank im Bierzelt (unvorgeglüht) eine Maß. Das ging bis 2004, dann zog die Dult hinaus aus der Stadt nach Kohlbruck.

2017 startete der Konzertveranstalter, Kulturmanager und Hotelier Till Hofmann ein Experiment: Er holte das Nostalgiekarussell der Passauer, den Pemperlprater, auf den Platz, ließ eine Schiffschaukel aufstellen und ein großes Zelt. Es gab einen Biergarten unter Bäumen gegenüber dem Nikolakloster, ein paar Buden mit Steckerlfisch und eine Ochsenbraterei. Hofmann nannte das Ganze »Die Oide Dult«. Gespielt wurde Blasmusik aus der Region. Als Reminiszenz an die alten Dult-Zeiten sollte es weniger um Superlative und Radau gehen als um ein gemütliches Beisammensein – ohne Verstärker und wilde Fahrgeschäfte für Adrenalinjunkies. Die Premiere kam so gut an, dass die Oide Dult zur Institution wurde. Es kamen ein paar Standl hinzu, aber das Grundkonzept des dritten Passauer Volksfests am Klostergarten ist geblieben.

Der Name Klostergarten kommt nicht von ungefähr. Seit dem 16. Jahrhundert befand sich hier die Parkanlage des Augustinerchorherrenstifts. Im 18. Jahrhundert wurde eine Orangerie erbaut, die Aufzeichnungen aus der Säkularisations-Zeit zufolge zu den schönsten in Deutschland gehörte. 1810 wurde St. Nikola zur bayerischen Kaserne und aus dem Klostergarten bald der »kleine Exerzierplatz«. Für städtische Jahrmärkte und andere Volksfeste sollte er allerdings auch den Bürgern zur Verfügung stehen. Schon damals – wie heute auch wieder.

Adresse Klostergarten, 94032 Passau-Haidenhof | Tipp Im Lesesaal des Stadtarchivs am Rathausplatz kann man sich in einer ruhigen Stunde in die (neuere) Geschichte Passaus vertiefen. Auch zur alten Dult am Exerzierplatz gibt es jede Menge Material.

54 Der Klosterladen

Köstlichkeiten – fast wie im Himmel

Gleich ums Eck herum, am Domplatz, steht er, der mächtige Stephansdom. Es gibt kaum ein Gebäude in dieser Gegend, das nicht irgendetwas mit der katholischen Kirche zu tun hat. Obwohl das ehemalige Kloster Niedernburg sowie St. Nikola ein Stück weit entfernt sind, befindet sich der »Klosterladen« also genau am richtigen Ort, um ganz spezielle Köstlichkeiten anzubieten. Ob wohltuende Kräuter, tradierte Kochrezepte, altbewährte Mixturen für Cremes – die Geschäftsinhaberin Sonja Gößler war schon als Kind fasziniert von dem gewaltigen Wissensschatz, der in Klöstern gehoben werden kann. Sie selbst besuchte eine Klosterschule und hatte eine Großmutter, die Pfarrersköchin war.

Sie begab sich auf eine Entdeckungsreise, um herauszufinden, was europäische Klöster selbst herstellen. Von Zwiebelzuckerln, kandierten Veilchen, Kürbiskernöl und Kräuterlikören über Bier-Shampoo-Seife, handgemachte Bärlauch-Nudeln und Amarenakirsch-Konfitüre bis hin zu wohltuenden Mittelchen wie Thymianbalsam oder Apfelblütengesichtscreme – in ihrem Geschäft bietet sie inzwischen Produkte aus rund 40 Klöstern an. Diese befinden sich nicht nur in Deutschland, Österreich, Italien und Frankreich, sondern auch in Tschechien und Ungarn.

Im Laufe der Jahre hat Sonja Gößler viele Stammkunden gewonnen, die die Qualität der Klostererzeugnisse schätzen. Die Verkaufsrenner sind unter anderem die süßen Marillenbusserl oder die Maronencreme. Die »Klostergärtnerin« aus Leidenschaft besucht viele Abteien selbst und legt großen Wert auf persönliche Kontakte. Neue Produkte werden ihr oft von Nonnen und Mönchen empfohlen. Von ihnen bekommt sie auch immer wieder hilfreiche Tipps, die sie gerne an ihre Kundschaft weitergibt. Dazu gehört beispielsweise auch der Pilgerbalsam, der raue Füße pflegt. Nach einem Altstadtbummel über das holprige Kopfsteinpflaster genau das Richtige.

Adresse Steinweg 10, 94032 Passau-Altstadt | **Öffnungszeiten** Mo–Fr 10–18 Uhr, Sa 10–15 Uhr | **Tipp** Der Passauer Tölpel war einmal Teil einer monumentalen Stephansfigur am Dom. Heute befindet sich der Steinkopf an der Mauer des Landratsamts.

55 Das Kraftwerk Kachlet

Wenn die Donau zum See wird

Den Arzt und Schriftsteller Hans Carossa hat es nicht begeistert, das 1927 fertiggestellte Stauwerk Kachlet. In seinem Roman »Geheimnisse des reifen Lebens« schreibt er: »Wie oft bin ich grollend an dem Werk vorübergegangen … Ich konnte die schöne Uferwelt nicht vergessen, die nun begraben liegt im Schlamm des verlangsamten Flusses.« Weil das Kachlet, ein mit Felsen und kleinen Inseln übersäter Donauabschnitt vor Passau, den Schiffsverkehr behinderte, hatte die Rhein-Main-Donau-AG bei Flusskilometer 2.230,500 ein Kraftwerk mit einer Doppelschleuse errichtet. Mit rund 3.000 Arbeitern galt die Fünfjahres-Baustelle als die größte Europas.

Sein charakteristisches Aussehen verdankt das Kraftwerk, das heute von der Uniper Kraftwerke GmbH betrieben wird, rund 1,6 Millionen verbauten Klinkerziegeln. An der Stauanlage ist der Fluss von der südlichen Ufermauer bis zur Außenwand der Schleusennordkammer 420 Meter breit. Das im Normalfall angestrebte Stauziel im Oberwasser beträgt 299,80 Meter über Normalnull (NN) und ist mit einer Toleranz von fünf Zentimetern zu halten. Beim Hochwasser 2013 schwoll die Donau zu einem See an, der sich um keine Höhenunterschiede scherte.

Vom vergleichsweise bescheidenen Gebäude der Wasser- und Schifffahrtsverwaltung rechts der Donau hat man einen Rundumblick auf das gesamte Areal: das Wehr sowie das eigentliche Kraftwerk, die Trennmole zwischen Schleuse und Wehr, das Ober- und Unterwasser, die Fischtreppe am Ufer, die Franz-Josef-Strauß-Brücke. Wenn man Glück hat, sieht man einen Apostelfischer bei der Arbeit (siehe Ort 14). Fußgänger und Radfahrer gelangen über das Kachlet vom einen Ufer zum anderen. »Drüben« können sie aus nächster Nähe miterleben, wie eine Schleusung funktioniert. Das Becken fasst 50.000 Kubikmeter Wasser, das auf Knopfdruck gespült oder abgelassen werden kann. Im Schnitt werden 40 Last- und Passagierschiffe pro Tag geschleust.

Adresse Schleusenweg 6, 94034 Passau-Hacklberg | Anfahrt A 3, Ausfahrt Passau-Nord, in Schleusenweg rechts nach der Tankstelle einbiegen | Öffnungszeiten Führungen nach Vereinbarung unter Tel. 0851/955190 möglich | Tipp Im Schifffahrtsmuseum in Schärding am Inn (Bahnhofweg) werden die Donau und der Inn in vielen Modellen, Fotos sowie Orts- und Streckenbeschreibungen ausführlich dargestellt.

56 Die Krypta von St. Nikola

Marienkapelle und Oase der Ruhe

Am linken Ufer des Inn gründete Bischof Altmann um das Jahr 1070 ein Augustinerchorherrenstift und stellte es unter den Schutz des heiligen Nikolaus, dem Patron der See- und Schiffsleute. Der Ort erlebte eine wechselvolle Geschichte: Ein Erdbeben zerstörte 1348 große Teile des Klosters, und zwischen 1666 und 1730 wurde das Gebäude fast komplett neu gebaut. Die Barockisierung lag in den Händen von Antonio Carlone. Der berühmte italienische Architekt ist auch hier begraben. Seit 1953 wohnen Deutschordensschwestern in einem Teil des Klosters. Die restlichen Gebäude werden von der Universität genutzt.

Ein kulturhistorisches Juwel ist die Krypta unter dem Chor der früheren Stiftskirche. Sie entstand Ende des 11. Jahrhunderts. Der Öffentlichkeit ist sie seit 1978 zugänglich, sie wird auch als Studentenkirche genutzt.

Links neben dem Altar führen Treppen hinunter in den quadratischen Raum, einen Einstützenraum mit Kreuzgratgewölbe und Freskenfragmenten aus dem 13. bis 15. Jahrhundert. Die gotische Steinmadonna soll von 1430 stammen. Sie wurde als Gnadenbild verehrt. Die Krypta gehört zu den ältesten frühromanischen Anlagen in Niederbayern, diente ursprünglich der Aufbewahrung der Totengebeine und wurde danach vergessen. 1895 öffnete man die Gruft. Einst hieß sie »Marienkapelle« und wurde von Pilgern besucht. Sie ist der älteste Teil der Klosteranlage und soll auch die älteste Marienwallfahrtsstätte Passaus sein.

Im Nord- und Osttrakt von St. Nikola ist das Provinzialat der Deutschordensschwestern untergebracht, die im selben Gebäude eine Fachakademie für Sozialpädagogik, einen Kindergarten und ein Altenheim betreiben. Das Kloster selbst ist ein Schmuckstück und die gotische Gartenanlage eine Oase der Ruhe inmitten der hektischen Betriebsamkeit der Neuen Mitte – ebenso wie die faszinierende Unterkirche von St. Nikola.

Adresse Kleiner Exerzierplatz 15, 94032 Passau-Haidenhof | **Öffnungszeiten** täglich 8–19 Uhr | **Tipp** Von Mai bis Oktober öffnet die kleine Gartenbibliothek im Kloster ihre Pforten (Mo–Sa 9–12 und 14–18 Uhr).

57 Die Küche am Fünferlsteg

Liebesschlösser und ein lauschiges Lokal

Ganz offiziell nennt er sich Hindenburgsteg. Bei den Passauern heißt er nur Fünferlsteg. Seit 1916 führt diese 170 Meter lange und 2,50 Meter breite Fußgängerbrücke in die Innstadt. »Allgemein hörte man Aussprüche des Lobes über das hübsche Werk, das der Innsteg darstellt«, hieß es am 3. Oktober in der Donau-Zeitung, einen Tag nach der Freigabe der Brücke. Wer den Inn überqueren wollte, musste zunächst fünf Pfennig bezahlen. Kinderwagen oder Fahrräder kosteten ein weiteres Fünferl. Befreit waren unter anderem Sanitäter und Feuerwehrleute mit Gerätschaften oder Polizisten in Uniform.

Ab 1960 verlangte der Brückenwärter ein Zehnerl. »Der Fünferlsteg wird jetzt ein Zehnerlsteg«, schrieb die Passauer Neue Presse am 9. Dezember 1958 über die Hauptversammlung, in der die Innsteg-Aktiengesellschaft den entsprechenden Beschluss gefasst hatte. Als der private Zoll 1973 noch einmal kostspieliger wurde, boykottierten viele Passauer den Steg und nahmen den Umweg über die etwa einen Kilometer entfernte Marienbrücke. Die rückläufigen Nutzerzahlen verschärften die wirtschaftliche Lage der AG. Man bot der Stadt Passau die Übernahme des Stegs an. 1976 wurde die Brücke an die Kommune verkauft und die Nutzung kostenlos.

Heute gibt es kaum noch eine malerische Brücke ohne Liebesschlösser – Vorhängeschlösser, die von verliebten Paaren angebracht werden, oft mit eingravierten Namen samt Datum. Auf dem Fünferlsteg wurden die ersten 2011 befestigt. Inzwischen ist die Brücke voll davon. Die Schlösser und der Blick auf die italienische Stadtseite sind ein beliebtes Fotomotiv.

In der ehemaligen Zahlstelle befindet sich »Die Küche«. In dem klitzekleinen Lokal gibt es nicht nur Schnittchen und Süppchen, sondern auch hausgemachte Limonaden, Quiche, Kaffee und Kuchen. Die lauschige Terrasse des ehemaligen Mauthäuschens bietet einen formidablen Ausblick – auch auf den Fünferlsteg.

Adresse Innstraße 21, 94032 Passau-Haidenhof | **Öffnungszeiten** Di–Fr 9–18 Uhr, Sa, So 10–18 Uhr | **Tipp** Sehenswert ist auf der anderen Inn-Seite auch die alte Innstadt-Befestigung, deren beeindruckendsten Teile das Severinstor und der Peichterturm sind.

58 Das Kulturmodell

Raum für Kreativität

In einem historischen Brauereigebäude wurde 1991 ein interessantes Projekt ins Leben gerufen: Auf 1.100 Quadratmetern schuf die Stadt einen großen Ausstellungs- und Veranstaltungsraum, eine Litho-Radier-Siebdruck-Werkstatt, Ateliers, einen Tanzraum sowie Übernachtungsmöglichkeiten für Künstler. Längst ist das »Kulturmodell Bräugasse« zu einer wichtigen Adresse des Passauer Kulturlebens und darüber hinaus geworden. Immer wieder mieten sich Kunstschaffende aus nah und fern zu moderaten Preisen ein, um fokussiert zu arbeiten und sich mit anderen auszutauschen. Einen regen und regelmäßigen Austausch gibt es beispielsweise mit Künstlern aus Passaus spanischer Partnerstadt Málaga. Und für so manchen ist auch das besondere Flair der Altstadt mit ihren zahlreichen Galerien drumherum eine Quelle der Inspiration.

In der Bräugasse 9 wurde mindestens bis 1910 eine Malzdorre betrieben. Ein Kamin ist heute noch von der Donauseite zu sehen. An der Fassade sind Reste eines Lastenaufzugs erkennbar. Viele Passauer erinnern sich auch noch daran, dass an dieser Stelle nach dem Zweiten Weltkrieg einmal eine Bonbonfabrik heißbegehrte »Guatl« herstellte. Der zweigeschossige Walmdachbau stammt im Kern aus dem 17./18. Jahrhundert. Die Tradition des Bierbrauens lässt sich an diesem Ort bis ins späte 16. Jahrhundert zurückverfolgen.

Die Ausstellungen in der grandiosen Gewölbehalle wechseln rasch. Dadurch bekommen möglichst viele Künstler und Institutionen mit Bezug zur Region eine Gelegenheit, sich und ihre Werke zu präsentieren. Das Konzept funktioniert folgendermaßen: Die Ausstellenden kümmern sich selbst um Organisation, Werbung und Plakatierung. Die Stadt stellt dafür zu den Öffnungszeiten eine Aufsicht. Seit der Sanierung nach dem letzten Hochwasser gibt es einen weiteren Ausstellungsraum im Untergeschoss – wie oben hat man auch von hier einen tollen Blick auf die Donau sowie das Ober- und Niederhaus.

Adresse Bräugasse 9, 94032 Passau-Altstadt | **Öffnungszeiten** täglich 10–17 Uhr, Programm der Sonderausstellungen unter www.kulturmodell.de | **Tipp** Die Produzentengalerie gleich gegenüber wird von mehreren Künstlern betrieben. Im ostbayerischen Kulturbetrieb ist sie eine wichtige Adresse.

59 Der Langlebenhof

Der perfekte Platz für die Wunderbeere

Hier dreht sich alles um die Beere, genauer gesagt: um die Aroniabeere. Auf der Ries, auf der Donauseite hoch über Passau, hat der Unternehmer Johannes Dorn ein außergewöhnliches Projekt ins Leben gerufen. Er hat einen Platz für Menschen mit Beeinträchtigung geschaffen und diesen mit einer Geschäftsidee verknüpft. Der Ort mit den ausgedehnten Ländereien könnte hierfür kaum besser geeignet sein. Der Langlebenhof wurde 1776 zur Versorgung von Schloss Freudenhain, dem fürstbischöflichen Sommersitz, gegründet. Später war er Nonnengut und Schwesternheim der Englischen Fräulein.

Im Jahr 2008 kaufte Johannes Dorn – Vater von zwei behinderten Söhnen – den Hof von der Kirche und schuf ein Wohnheim für Menschen mit Handicap. Sein Hauptanliegen war es, ihnen ein möglichst eigenständiges Leben zu ermöglichen. Um den landwirtschaftlichen Betrieb aufblühen zu lassen, begann man damit, Aroniabeeren anzupflanzen. Die Aronia gilt als »Wunderbeere«. Ihr werden viele positive Wirkungen auf die Gesundheit zugeschrieben. Am Langlebenhof werden die Beeren gepresst, und der Saft wird abgefüllt. Heimbewohner, aber auch Externe mit einer Beeinträchtigung arbeiten mit. Längst wurden verschiedene Produkte in Bio-Qualität entwickelt wie Fruchtaufstrich, Likör, Geist, Essig, Pulver, getrocknete Naschbeeren und vieles mehr. Die kreativen Aronia-Experten kooperieren bei neuen Produkten auch gerne mit anderen Betrieben aus der Region.

Mehr als 40 Menschen leben auf dem Hof: Behinderte und ihre Betreuer, Studenten, Rentner, Migranten, Mitglieder der Familie Dorn. Zum Hof gehört ein Reitstall, den Bewohner wie Leute von außerhalb nutzen können. Es gibt auch einen Laden, der sich in den ehemaligen Stallungen befindet. Und man kann den Langlebenhof im Rahmen einer Hofführung besichtigen, um das Projekt kennenzulernen und zu sehen, dass tatsächlich alles vor Ort handgemacht wird.

Adresse Alte Rieser Straße 19, 94034 Passau-Hacklberg | **ÖPNV** A 3, Ausfahrt Passau-Nord, der Donau bis zur Vilshofener Straße folgen und links einbiegen, rechts weiter folgen, auf Neue Rieser Straße abbiegen und gleich noch mal scharf links, nach 500 Metern auf der linken Seite | **Öffnungszeiten** Mo–Fr 9.30–17 Uhr, Führung nach Vereinbarung unter Tel. 0851/72233 oder info@aronia-langlebenhof.de möglich | **Tipp** Das Schloss Freudenhain ist heute ein Gymnasium und öffnet immer wieder seine Pforten, zum Beispiel für das Yogafestival.

60_Die Lebkuchenwerkstatt

Vom bischöflichen Weinkeller zum Keksparadies

Nicht nur zur Weihnachtszeit kommen Lebkuchenliebhaber an der Ecke Pfaffengasse/Steinweg auf ihre Kosten. Zumindest diejenigen, die ein kleines Geschenk, originelle »Tischkarten« für (Hochzeits-)Feiern, Mitbringsel oder etwas Besonderes suchen, mit dem sie eine Botschaft loswerden können. »Servus«, ein »Gruß aus der Domstadt«, »Ich liebe Dich« – in der Lebkuchen-Werkstatt der Caféhaus- und Konditorenfamilie Greindl sind Honiglebkuchen ein Ganzjahresprodukt. Sie kommen als Prinzessinnen daher, verkleiden sich als Sonnen, Blumen, Herzen, Dirndl und Lederhosen. Es gibt sie in nahezu allen Varianten, auf Wunsch individualisiert und personalisiert, auf Vorbestellung in jeglicher Form, die sich handwerklich umsetzen lässt. Seitdem in unmittelbarer Nähe das Dackel-Museum eröffnet hat, sind Hunde-Lebkuchen auf Schokolade ein Renner.

Wer es eilig hat, der kann seinen Lebkuchen vor Ort gleich selbst beschriften. Diejenigen, die ein wenig mehr Zeit zur Verfügung haben, überlassen das den Profis und kommen ein paar Stunden später wieder. Den Rahmen dafür bildet ein denkmalgeschütztes, vorbildlich saniertes Haus, in dem sich einmal der bischöfliche Weinkeller befunden haben soll. Die Spezialisten für Süßes haben es liebevoll mit alten Theken in verschiedenen Stilrichtungen ausgestattet. Dort findet man im Übrigen nicht nur Lebkuchen, sondern unter anderem auch Vanillekekse, (vegane) Cookies und Macarons.

Fast in Sichtweite von der Lebkuchenwerkstatt – am Domportal vorbei – befindet sich die Pralinenwerkstatt der Familie. An diesem Ort können Erwachsene und Kinder im Rahmen von Kursen und Workshops alles rund um das Thema Schokolade lernen: wie man sie am besten ver- und bearbeitet, Trüffel macht, Füllungen für Pralinen kocht oder Schokofiguren herstellt. Die Pralinenwerkstatt befindet sich wie das Café Stephan's Dom im Gebäude der ehemaligen Dompost.

Adresse Steinweg 2, 94032 Passau-Altstadt | Öffnungszeiten Mo–Sa 10–17 Uhr, So 11–17 Uhr | Tipp Der mächtige Stephansdom bildet die eindrucksvolle Kulisse für einen Eisbecher oder einen Aperol Sprizz auf der Terrasse des Domcafés.

61 Die Ludwigsplatz-Löwen

Kopien mit Erinnerungswert

Am Ludwigsplatz auf dem Weg in die Fußgängerzone »begegnet« man zwei Löwen, die trotz ihrer Größe gern links liegen gelassen werden. Tritt man ihnen näher, findet man am Sockel eines der beiden steinernen Raubtiere eine Schrifttafel. Und lernt, dass die Ludwigsplatz-Löwen an das alte Stadttor erinnern, das 1870 abgerissen wurde. 1865 war die Abtragung dieses der »Communication der Stadt hinderlichen Tores« beschlossen worden. Die Seitdurchgänge mit den Löwen blieben bis 1870 stehen. Bei der aktuellen Ausgabe der bayerischen Raubtiere handelt es sich um Kopien. Die Originale stehen im Eingangsbereich des ehemaligen Hauptzollamts am Rathausplatz / Eingang Fischmarktgasse.

Das klassizistische Tor war 1821/22 nach einem Entwurf des Königlich Bayerischen Kreisbauraths Scholl gebaut worden und wurde 1826 nach dem Besuch von König Ludwig I. von Bayern mit dessen Zustimmung in Ludwigstor umbenannt. Der Platz vor dem Tor hieß fortan Ludwigsplatz. Das Tor war 16 Meter breit, 10,60 Meter tief und 11,40 Meter hoch. Die Löwen schauten aus einer Höhe von knapp sechs Metern auf die Stadt herunter.

Doch das war nicht das erste Tor an dieser Stelle. Den Zugang zur Stadt beherrschte früher der über 30 Meter hohe, 1243 errichtete Turm des »Burgtores«, der 1812 abgebrochen wurde. Vier Jahre später wurde das von zwei Außentürmen flankierte Barbakanentor gebaut.

Nach dem Abriss des Ludwigstores gerieten die Löwen in Vergessenheit. 1994 wurden sie bei der Neugestaltung des Domhofes »wiederentdeckt« und bewachen inzwischen das Alte Zollhaus – neben dem Alten und dem Neuen Rathaus das dritte zentrale Verwaltungsgebäude der Stadt. Der klassizistische Ziegelbau wurde Mitte des 19. Jahrhunderts von Anton Harrer entworfen. 2013 öffnete die Stadt für eine Benefizveranstaltung anlässlich der Hochwasserkatastrophe für eine Nacht die Pforten zu dem eindrucksvollen Gewölberaum, der als Garage genutzt wird.

Adresse Ludwigsplatz, 94032 Passau-Altstadt | Tipp Löwen gibt es in der Stadt zuhauf: auf Straßen- und Wirtshausschildern, Türverzierungen und Reliefs. Der bekannteste steht aber wohl an der Bundesstraße 8 zwischen Schalding rechts der Donau und Seestetten an der »Löwenwand«.

62 Die Manufaktur Treibholz

Auf der Suche nach dem besten Ton

Wer am Freitag die Theresienstraße Richtung Inn hinunterspaziert, der kann hinter Gitarren, Werkzeugen und für Laien undefinierbaren Komponenten aller Art einen Mann im Schaufenster sitzen sehen. Er ist selten allein. In dem kleinen Geschäft mit der großen Kaffeemaschine am Ende des Raumes drängen sich Hobbymusikanten, Profimusiker, Menschen jeglichen Alters, die Gitarre spielen oder es lernen. Die Besucher der Manufaktur Treibholz wollen den Klang ihrer Gitarre verbessern, haben ein Problem mit ihrem Instrument, wünschen sich ein individuelles Stück oder sind nur neugierig, was der Bastler in der Mini-Werkstatt so treibt. Weil sein Service in der Region einmalig ist, kommen die Leute auch von weiter her.

Für den vielseitig talentierten Mario Götz ist es der ideale Ort, diese Seite seiner Gitarren-Liebe zu leben: Instrumente modifizieren, justieren, reparieren, pflegen und bauen. Die andere Seite: selber spielen, singen, Lieder schreiben – unter anderem als eine Hälfte des Duos Saitenscheitel. Als Musiker treibt ihn an, was alle Gitarristen antreibt: die Suche nach dem eigenen, nach dem besten Ton. Eine Gitarre kann kreischen, singen, warm klingen, und wenn man auf verschiedenen Instrumenten den gleichen Ton spielt, hört sich das völlig unterschiedlich an.

Wichtig ist es, dass ein Ton so klingt, wie man ihn sich vorgestellt hat. Und das kann bei einem Massenprodukt schlecht funktionieren. Es muss erst einmal an die Bedürfnisse und Vorlieben des Spielers angepasst werden. Mit ein paar Tipps und Tricks sowie einer gehörigen Portion Liebe lässt sich sogar aus mittelmäßigen Instrumenten etwas Schönes zaubern. Doch um sich mit einem Instrument wirklich wohlzufühlen, müssen außer dem Klang auch Optik und Haptik stimmen. Apropos Liebe: Was Götz hier auf 18 Quadratmetern anbietet, hat er sich wie das Gitarrespielen selbst beigebracht.

Adresse Theresienstraße 40, 94032 Passau-Altstadt | Öffnungszeiten Fr 11–18 Uhr | Tipp In dieser Straße empfiehlt sich ein Blick nach oben. Rund 20 der meist dreistöckigen Häuser stehen unter Denkmalschutz.

63 Das Marmeladen-Haus

Eingekochte Früchte aus der Tube

Gute Ideen entstehen oft zufällig – wie im Falle von Gerhard Klose und Karin Lazarides. Er wollte sich beruflich neu orientieren und einen eigenen Webshop programmieren. Letzteres hat er getan, ohne zu wissen, welche Produkte er auf dieser Plattform anbieten möchte. Sie zeigte auf den gut mit Marmeladengläsern gefüllten Vorratsschrank. Aus Spaß wurde Ernst. Das Ehepaar startete mit vier Sorten, besuchte Märkte und stellte fest, wie gut die selbst gemachte Ware bei den Kunden ankam. Bei einem Passau-Besuch entdeckten die beiden einen kleinen leer stehenden Laden am Rindermarkt und wagten den Schritt in den stationären Handel. Das Marmeladen-Haus kam so gut an, dass es größer wurde.

Das Geschäft befindet sich im Kanzlerhaus, einem Wohn- und Geschäftshaus, das Ende des 19. Jahrhunderts von dem Buchbinder Julius Kanzler gebaut wurde. Für das Paar ist es genau die richtige Adresse. Hier kommen Touristen auf dem Weg in die Altstadt vorbei und besuchen Einheimische das Konditorei-Café gegenüber.

Längst gibt es deutlich mehr Sorten als am Anfang: saisonale wie das Holunderblütengelee oder die Quittenmarmelade, exotische wie den Karibiktraum, aber auch Chutneys, Senf und zuckerfreie Fruchtaufstriche. 60 bis 80 verschiedene Produkte umfasst das Sortiment. Die süßen und deftigen Gläser sind nicht nur Souvenirs für Touristen, es kommen auch viele Stammkunden aus der Region. Begehrt sind die Marmeladen, die es sogar in Mini-Größen gibt, auch bei vielen Passauer Studenten.

Karin Lazarides stellt die Marmeladen in ihrem Domizil im niederbayerischen Obstanbaugebiet Lallinger Winkel her und hat dafür eine spezielle Küche eingerichtet. Die Expertin für eingekochtes Obst experimentiert gerne und hat etwa eine weiße Spargelmarmelade kreiert. Damit die Urlauber ihre Marmeladen leichter und vor allem bruchsicher transportieren können, werden einige Sorten auch in Tuben abgefüllt.

Adresse Rindermarkt 7, 94032 Passau-Altstadt | **Öffnungszeiten** Mo–Sa 10–17 Uhr | **Tipp** Das Hotel »Passauer Wolf« kann mit einer der schönsten Rokoko-Fassaden der Stadt renommieren.

64 Das Marschallhaus

Terrassencafé mit Brunnenblick

Er ist wohl der schönste Platz von Passau: der Residenzplatz mit seinem alten Kopfsteinpflaster, dem Wittelsbacherbrunnen, den vielen Freisitzen und der spektakulären Kulisse der Neuen Residenz. Eines der auffälligsten Bauwerke, das direkt in den Platz hineinragt, ist das Marschallhaus mit seiner neobarocken Fassade. Das dreigeschossige Gebäude diente einst vermutlich als fürstbischöfliches Hofmarschallamt, daher rührt auch der Name. So richtig zur Geltung kommt das Haus aber erst, seitdem das Café Minoo in der Großen Messergasse die Terrasse als hochherrschaftlich anmutenden Freisitz nutzen darf. Von hier aus hat man einen wunderbaren Überblick über den Platz und auf den Brunnen in dessen Zentrum.

Der Wittelsbacherbrunnen wurde 1903 zur Erinnerung an das 100-jährige Jubiläum der Zugehörigkeit von Passau zu Bayern gebaut. Er symbolisiert die Stadt, die ihren Platz in Bayern gefunden hat. Der Bildhauer Jakob Bradl hat drei kleine Engel zu Füßen einer Marienstatue als Patrona Bavariae, Schutzherrin Bayerns, geschaffen. Die Putti symbolisieren Passaus drei Flüsse: Die Ähren im Haar eines Engels stehen für den fruchtbaren Gäuboden, durch den die Donau fließt, die Perlen um den Haarkranz des zweiten für die Ilz, in der Flussperlmuscheln zu finden sind, und der Tirolerhut des dritten für den Inn, der aus Österreich kommt.

Es muss schon ein unglaublicher Tag gewesen sein, als am 7. Juli 1906 Seine Königliche Hoheit, Prinz Alfons von Bayern, den Brunnen feierlich enthüllte. Die langjährige Stadtheimatpflegerin Gisa Schäffer-Huber hat recherchiert, dass die Empore vor dem Marschallhaus damals gebaut wurde, um den Sängern einen aus der riesigen Menschenmenge herausgehobenen Auftritt zu ermöglichen. Das Gebäude selbst erfuhr seit dem 18. Jahrhundert die unterschiedlichsten Nutzungen: unter anderem als Postamt, Stadtkommissariat und Landgericht. Heute ist es in Besitz des Bistums Passau.

Adresse Residenzplatz 9, 94032 Passau-Altstadt | **Öffnungszeiten** nicht öffentlich zugänglich | **Tipp** In der Pfaffengasse lebten früher »Pfaffen« (Domgeistliche). Unter dem Bogen mit dem Heiligen Christophorus führt die steil abfallende Straße zur Hausnummer 9 – mit einer der ältesten Türen der Stadt. Über die Klappe sollen angeblich einmal Pestkranke versorgt worden sein.

65 Das Mathe-Museum

Überraschend ästhetisch

Vielleicht wäre die Berufswahl so manches Geisteswissenschaftlers anders ausgefallen, wenn es schon früher in Passau so etwas wie das Mathe-Museum gegeben hätte. An der Universität hat es sich eine Professorin zur Aufgabe gemacht, ihre eigene Leidenschaft für die Mathematik möglichst anschaulich zu machen. Die Besucher sollen prinzipielle Zusammenhänge ganz konkret mit allen Sinnen begreifen können. Die Team-Mitglieder um Prof. Brigitte Forster-Heinlein wünschen sich, dass sie die Begeisterung, die sie selbst für Mathe haben, so weitergeben können, dass der Funke auf andere überspringt. Sie wollen zeigen, dass Mathematik viel mehr ist als nur fade Formeln. Außerdem können Kids im Museum schon einmal ein wenig Uni-Luft schnuppern.

In der Fakultät für Informatik und Mathematik gibt es jede Menge verschiedene Zauberwürfel zu sehen, geometrische Spiele, Logikpuzzle, Rechenmaschinen aus der Vor-Computer-Ära samt ihres versteckten Innenlebens und größere Exponate, fröhlich »Mathe-Möbel« genannt, die Studierende clever konstruiert haben. Dazu gehört beispielsweise eine Abtast-Trommel, mit der das Prinzip der Digitalisierung sichtbar gemacht wird. Dreidimensional gedruckte Objekte zeigen, dass mathematische Formeln überraschend ästhetisch aussehen können. In den Vitrinen der mit viel Liebe aufbereiteten Dauerausstellung im Foyer kann man sich unter anderem anschauen, was angehende Mathematiklehrer vor 90 Jahren wissen mussten.

Mitarbeiter der Fakultät haben den Großteil der Exponate aus eigenen Sammlungen beigesteuert und auch für Nicht-Mathematiker eine spannende Schau zusammengestellt, die sich dem Thema auf vielfältige Weise nähert. Mit Begeisterung empfangen Forster-Heinlein und ihr Team vor allem Gruppen von Kindern und Jugendlichen, die dann nach Herzenslust knobeln, erforschen und entdecken können, wo überall Mathematik drinsteckt.

Adresse Innstraße 33, 94032 Passau-Haidenhof | **Öffnungszeiten** Mo – Fr 8 – 19 Uhr, Terminvereinbarung für Führung unter Brigitte.Forster@uni-passau.de | **Tipp** Auf dem grünen Campus am Inn können Gartenfreunde ohne Garten pflanzen und ernten.

66 Das minnosphere-Labor

Platz zum Denken mit Alpenpanorama

Wer die Neuburger Straße hinunter in Richtung Neue Mitte fährt, passiert auf der linken Seite einmal große Fenster. Dahinter erkennt man großzügige Räumlichkeiten und eine moderne Einrichtung in Türkis- und Grautönen. »minnosphere«, heißt es da: Was das wohl sein mag? Für ein Restaurant ist dieser Ort oft zu leer. Für ein Büro ebenfalls. Der Blick nach oben an die Hauswand, wo die drei Buchstaben »msg« zu lesen sind, hilft weiter. Hier, an dem Ort, an dem sich früher einmal das Verlagsgebäude der Passauer Tageszeitung befand, sind – in unmittelbarer Nähe zur Universität – inzwischen mehr als 550 Mitarbeiter für den IT-Dienstleister msg systems AG tätig. Im Erdgeschoß hat sich die Unternehmenstochter minnosphere GmbH eine Art Denkwerkstatt oder Innovationslabor eingerichtet. Weil die besten Ideen in Teamarbeit entstehen, wurden die Voraussetzungen dafür geschaffen, abseits des »normalen« Arbeitsplatzes in Projektteams gemeinsam kreativ zu sein.

Seit der Eröffnung im Oktober 1998 mit sechs Mitarbeitern hat sich der msg-Standort Passau zum zweitgrößten privatwirtschaftlichen Arbeitgeber der Stadt sowie zum größten Software-Arbeitgeber Niederbayerns entwickelt. Innovative Lösungen entstehen dort nicht (nur) am Rechner, sondern vor allem im Team. Immer häufiger arbeiten Beschäftigte eng vernetzt mit Kunden aus unterschiedlichen Branchen an neuen Geschäftsmodellen. Im Innovationslabor gibt es eine rollbare Tribüne aus Paletten, einen großen Bildschirm für Präsentationen und unterschiedlich gestaltete Bereiche wie beispielsweise eine Ecke mit einem Alpenpanorama, in die sich Arbeitsgruppen zurückziehen können. Die Elemente im Raum lassen sich rasch um- oder wegräumen, denn wenn der Job getan ist, darf durchaus gefeiert werden. Und wenn die minnosphere-Leute ihr außergewöhnliches Labor gerade nicht brauchen, vermieten sie es auch gerne einmal. msg expandiert in Passau kräftig weiter – das bedeutet auch mehr Platz für Innovation.

Adresse Dr.-Hans-Kapfinger-Straße 30, 94032 Passau-Haidenhof | **Öffnungszeiten** nicht öffentlich zugänglich | **Tipp** Südwestlich der Löwenbrauerei Passau liegt die Hollergrippe, in der sich ein 1913 erbautes, denkmalgeschütztes Wasserwerk mit drei kleinen Nebengebäuden im Stil der florentinischen Renaissance befindet.

67 Das MMK Wörlen

Passauer Decken und moderne Kunst ganz nah

Fast 100 Jahre alt ist er geworden, der Architekt und Kunstliebhaber Hanns Egon Wörlen (1915–2014). Der Stadt hat er etwas Großartiges hinterlassen: ein Museum der Modernen Kunst an einem einzigartigen Ort. Um zeitgenössische Kunstwerke in einem urbanen, aber dennoch historischen Ambiente zu zeigen, wurde ein geschichtsträchtiges Ensemble aufwendig und mit viel Liebe zum Detail saniert. Das Innere dominiert ein Lichthof mit umlaufenden Arkadengängen, und vom Handlauf bis zur Beleuchtung wurde nichts dem Zufall überlassen. Im MMK Passau macht gerade das Zusammenspiel von Alt und Neu den besonderen Reiz aus und verstärkt die Wirkung der Kunstwerke. Barocke Holztüren mit Renaissance-Beschlägen, Fichtenholzfußböden, Stuckdecken, ab und an ein spektakulärer Fenster-Ausblick zur Veste Oberhaus in Kombination mit Bildern und Skulpturen in allen Facetten.

Der Kunstmäzen Wörlen ließ unter anderem zwei »Passauer Decken« freilegen. Vier Handwerker arbeiteten allein an der Entfernung der vielen Farbschichten mehr als zwei Monate lang. Die eleganten schmalen Handläufe – eine Metallkonstruktion in Verbindung mit einem längs durchschnittenen Hartholzstab – sind nicht nur ästhetisch schön, sondern fassen sich als Halt über die teilweise steilen Treppen angenehm an.

1990 wurde das Haus eröffnet und erhält seitdem mit bekannten Namen wie Beuys, Christo, Warhol, Gulbransson oder Feininger regelmäßig überregionalen Zuspruch. Die Sammlung des Museums beruht schwerpunktmäßig auf dem Werk von Georg Philipp Wörlen (1886–1954), dem Vater von Hanns Egon Wörlen, sowie dessen Künstlerfreunden aus Österreich und Deutschland und wird in Ausschnitten immer wieder präsentiert. Möglichst vielen Menschen die Kunst nahezubringen, war ein Anliegen des Museumsgründers. Dabei geht die Leitung neue Wege, etwa mit einer Slow-Art-Führung oder speziellen Angeboten für Kinder.

Adresse Bräugasse 17, 94032 Passau-Altstadt | Öffnungszeiten Di–So 10–18 Uhr, Juni–Sept. auch Mo 10–16 Uhr | Tipp Die heutige Altstadtschule im Ort 1, direkt am Inn gelegen, ist über 100 Jahre alt. Das imposante, viergeschossige Gebäude mit Walmdach wurde als Mädchenschulhaus errichtet. Der Bau besteht aus Ziegeln und Leichtstein, kombiniert mit Eisenträgerkonstruktionen.

68 Das neue Bistumsarchiv

Ein Safe mit einem lila Boden

»Schützende Hand Gottes«, »Walfisch« oder »Tresor« – das sind nur einige Namen, die Passauer dem freundlich-futuristischen Bau auf dem Areal der Brauerei Hacklberg gegeben haben. Doch nur wenige wissen, was sich hinter den Betonmauern verbirgt. Es sind für die Diözese wichtige historische Dokumente aus den Pfarreien. Sie werden in klimatisierten Räumen hochwasser-, brand- und einbruchssicher aufbewahrt.

Weil das Hauptarchiv in einem Barockgebäude in der Altstadt aus allen Nähten platzte, hat sich das Bistum mit dem Neubau Luft verschafft. Für die Architekten bedeutete der Bau eine besondere Herausforderung, zumal Archivdokumente bei unpassendem Klima schnell zu schimmeln oder gar zu zerfallen beginnen. Ein enger Korridor zur Regulierung von Temperatur und Luftfeuchtigkeit war vorgegeben. Sieben Kilometer Regalfläche mussten geschaffen werden. Das Ergebnis überzeugt – nicht nur optisch als moderne Interpretation des Themas Barock. Das Bauwerk hat ein asymmetrisch wellenförmiges Dach. Im Inneren dominiert kühle Sachlichkeit, überall sind Rohre sichtbar. Dies alles ist dem Zweck geschuldet, entbehrt aber nicht eines gewissen Charmes. Nur der lila Boden und das ein oder andere Kreuz an der Wand machen deutlich, dass das Gebäude kirchlichen Angelegenheiten gewidmet ist. Nach der Klimaschleuse liegt die Temperatur in der Regel bei 16 bis 20 Grad und die Luftfeuchtigkeit bei 35 bis 50 Prozent. Die Wände sind so gut gedämmt, dass das Klima sehr stabil ist und nur selten nachgeregelt werden muss.

In einem ersten Schritt sind über 300 Pfarrarchive in 16.000 Kartons umgezogen. Sie beinhalten die gesamte Bandbreite kirchlichen Lebens: Rechnungen, Anfragen, Festbeschreibungen und Dokumentationen zu Feierlichkeiten oder Heiratserlaubnisse. Dieser Wissensschatz steht der Forschung zur Verfügung und wird auf Anfrage »gehoben«. Für Gruppen gibt es nach Rücksprache Führungen.

Adresse Fürstenweg 22, 94034 Passau-Hacklberg | ÖPNV Buslinie 5 nach Patriching, 6 nach Schalding l. d. D. oder 7 nach Ries, alle Haltestelle Schulstraße, gegenüber beginnt der Fürstenweg | Öffnungszeiten nicht öffentlich zugänglich | Tipp Der barocke Sommersitz der Passauer Fürstbischöfe wurde 1692 auf dem Areal der heutigen Brauerei Hacklberg errichtet. Das Glanzstück des Fürstenbaus ist der ovale Festsaal im Obergeschoß, den man für Festivitäten mieten kann.

69__Das Niederhaus

Luxuriöse Burg-Herberge

Während die »Schwester« oben am Georgsberg zu den wichtigsten Sehenswürdigkeiten von Passau gehört, ist das Niederhaus ein privater Platz der Ruhe. 15 Wohnungen in unterschiedlichen Größen wurden hier nach einer aufwendigen Sanierung geschaffen – jeweils mit eigenen Terrassen und Gärtchen. Hätte sich nicht ein oberbayerischer Unternehmer, dessen Frau Passauer Wurzeln hat, für die Burg und ihre spannende Geschichte begeistert, wäre diese (wenn überhaupt) vermutlich nicht so behutsam saniert worden.

Die Fundamente der heutigen Burganlage, die durch einen Wehrgang mit dem Oberhaus verbunden ist, wurden Mitte des 13. Jahrhunderts gelegt. Nach einer Pulverexplosion im 15. Jahrhundert war die Veste schwer angeschlagen, wurde aber rasch wieder aufgebaut. 1890 ging sie in den Besitz des Passauer Historienmalers Ferdinand Wagner über. Doch dieser trennte sich 1907 schon wieder davon, weil er mit dem Bau der nahen Luitpoldbrücke (heute: Hängebrücke) über die Donau nicht einverstanden war. Von 1912 bis 2009 gehörte die Burg der Passauer Familie Brunner.

Die neuen Besitzer, das Ehepaar Rosenberger, haben dafür gesorgt, dass die imposante, aber sanierungs- und modernisierungsbedürftige Immobilie inzwischen zu den exklusivsten Wohnkomplexen der Stadt zählt. Beim Umbau wurden die vier Burgteile Bergfried (Turm), Remise, Stöckl und Palas (die Hauptburg) so in Wohnungen aufgeteilt, dass sich Historie und heutiger Komfortanspruch bestens miteinander vertragen.

Auf den Einbau von Aufzügen hat man trotz so mancher Stufe, die es zu überwinden gilt, mit Blick auf die historische Bausubstanz aber verzichtet. Im isoliert stehenden fünfstöckigen Turm mit dem perfekten Blick auf das Dreiflüsseeck gibt es in jedem Stockwerk ein 20-Quadratmeter-Apartment. Im früheren Rittersaal im Palas wurden die Original-Wagner-Fresken freigelegt und optisch als Teil einer Wohnung in den Fokus gerückt.

Adresse Ferdinand-Wagner-Straße 1, 94034 Passau | **Anfahrt** A 3, Ausfahrt Passau-Nord, der Donau folgen, am Ende der B 12 links abbiegen, nach 200 Metern befindet sich ein Parkplatz auf der linken Seite | **Öffnungszeiten** nur von außen zu besichtigen | **Tipp** Ferdinand Wagner hat Ende des 19. Jahrhunderts im Großen Rathaussaal zwei beeindruckende Kolossalgemälde geschaffen, die den Einzug Kriemhilds in die Stadt Passau und die Hochzeit Kaiser Leopolds I. 1676 zeigen.

70 Die Niedernburg-Fresken

Bibelszenen in die Moderne übersetzt

Dafür lassen sich sogar Jugendliche begeistern: Die über 800 Jahre alten spätromanischen Fresken des Klosters Niedernburg gehören zu den bedeutendsten in Südostbayern. Sie befinden sich in der Vorhalle der ehemaligen Marienkirche und zeigen ein Paradies, in dem es kein Arm und kein Reich und auch kein Unrecht gibt. Illustriert werden etwa das Gastmahl zu Bethanien oder die Geschichte vom reichen Prasser und vom armen Lazarus.

Die um 1150 erbaute Kirche an der Ostseite des Klosters ist nur in Resten erhalten, die in einen Neubau integriert wurden. Von hier aus kann man durch eine Glasscheibe die alten Malereien bestaunen. Schülerinnen haben die auf den Wandmalereien dargestellten Bibelszenen für die heutige Zeit übersetzt. Sie erklären den Besuchern multimedial unter anderem den Unterschied zwischen »al secco« und »al fresco«. Bei den Fresken handelt es sich um Secco-Malereien, die auf das getrocknete Mauerwerk und nicht auf den frischen Kalkputz aufgetragen wurden. Mit Hilfe privater Sponsoren wurden die Malereien der Öffentlichkeit 2012 zugänglich gemacht, ein Verein kümmert sich heute um den Erhalt und die Präsentation des wertvollen Kulturguts. Trotz aller Bemühungen verblassen die Fresken hinter den Glasscheiben, und Trocknungsgeräte kämpfen mit der Feuchtigkeit.

Das Kloster wurde 888 erstmals urkundlich erwähnt. Der Name Niedernburg bezeichnet die untere Stadt in Abgrenzung zum oberen bischöflichen Stadtteil, dem Oberhaus. Nach einer wechselvollen Geschichte führten die Englischen Fräulein dort bis 2013 ein Gymnasium und eine Mittelschule. Diese tragen den Namen der seligen Gisela, der früheren Äbtissin des einstigen Benediktinnerinenklosters. Niedernburg ist die letzte Ruhestätte der vormaligen ungarischen Königin. Sie war 1038 nach dem Tode ihres Mannes vor politischen Gegnern in Ungarn geflüchtet, in ihre Heimat zurückgekehrt und 1045 in das Kloster eingetreten.

Adresse Klosterwinkel 1, 94032 Passau-Altstadt | **Öffnungszeiten** täglich 9–17 Uhr | **Tipp** Gleich um die Ecke und einen Spaziergang wert ist das Hirschwirtsgaßl. Es verläuft von der Bräugasse zum Klosterwinkel und zählt zu den malerischsten Gassen der Stadt.

71 Der Niha-Grundstein

Erinnerung an eine legendäre Halle

Ganz bescheiden steht er in der Ecke, der Grundstein der legendären Nibelungenhalle. An einem Ort, wo ihn niemand vermutet, links neben dem Treppenaufgang zur Kommunalen Medienzentrale in der Ilzstadt. Richard Schaffner, der Chef des Hauses, hat ihn hierhertransportieren und mit einem Metallschild versehen lassen. Den Granitklotz samt seiner NS-Vergangenheit wollte sich offensichtlich kein Museum »antun«. Neben einigen Treppen im Innstadt-Quartier und Originalstücken, die auf dem Sperrmüll landen sollten und die der Fotograf Rudolf Klaffenböck aufbewahrt hat, ist der Grundstein alles, was von der Nibelungenhalle geblieben ist. Klaffenböck hat die letzten Jahre der »Niha« fotografisch dokumentiert.

Am 27. April 1934 hatte Kultusminister Hans Schemm den Grundstein gelegt. Zuvor verlas er eine Urkunde, die dann in einer Kupferhülse eingemauert wurde. Architekt Karl Kieffer plante einen Mehrzweckbau für bis zu 10.000 Menschen. Das 126 Meter lange, 46 Meter breite und 20 Meter hohe Betongebäude mit Holztragwerk hat Zeitgeschichte geschrieben, und es gibt kaum einen Passauer, der damit nicht ein oder meistens sogar ganz viele Erlebnisse verbindet. Boxkämpfe, Bauerntheater, die Wiener Eisrevue, Katholikentag, hochkarätige Kulturveranstaltungen der Europäischen Wochen, Frühjahrsmesse, Christkindlmarkt … »Kult« war der Politische Aschermittwoch mit dem für seine markigen Sprüche bekannten CSU-Vorsitzenden Franz Josef Strauß. Es gab kaum einen Star, der hier nicht zu Gast war: Marika Rökk, Konrad Adenauer, Santana, Joe Cocker, Nena, Helmut Schmidt, Max Schmeling, Zarah Leander, Charlie Rivel, Louis Armstrong, Mike Oldfield, der Musikantenstadl, Dire Straits, Supertramp, Deep Purple, José Carreras – die Liste ist lang.

Im Februar 2004 begann man mit dem Abriss der Niha. Stadtarchivar Richard Schaffner ließ den Grundstein freilegen und sicherte die Urkunde. Im April war der Abbruch beendet.

Adresse Am Goldenen Steig 1, 94034 Passau-Ilzstadt | **Anfahrt** A 3, Ausfahrt Passau-Nord, der Donau folgen, am Ende der B 12 links abbiegen, nach 200 Metern scharf rechts in die Löwenmühlstraße, dann links auf die Mittelstraße fahren | **Tipp** Das höchste Gebäude in der Neuen Mitte – dem Ort, wo einst die Niha stand – ist der Stadtturm. Zwei Cafés (das Diwan ganz oben) und das Fränz in einer Buchhandlung ermöglichen etwas andere Perspektiven auf die Stadt.

72_Die offene Werkstatt

Die Porzellanmalerin

Das Atelier von Christa Gottinger befindet sich in einem der schier unzähligen Altstadt-Gewölbe-Häuser. Dieses stammt aus dem 15. Jahrhundert und wurde 1990 von seinem Besitzer sehr aufwendig saniert. Die Porzellanmalerin hat sich ihre Werkstatt in der Pfaffengasse am Ausgang zur Höllgasse eingerichtet – in einer ehemaligen Fischhalle. Ein Foto, das zeigt, wie das Gebäude-Ensemble früher einmal aussah, hat sie bei einer Auktion ersteigert. Das zerbrechliche Porzellan und die wuchtige Architektur des Gewölbekellers bilden einen spannenden Kontrast.

Früher hat die Niederbayerin einmal als Sekretärin gearbeitet. Eine kreative Seite hatte sie allerdings schon immer. Die Seidenmalerei war die Initialzündung für ein Künstler-Dasein, dann kam sie mit Porzellan in Berührung. Heute bemalt sie fast ausschließlich Weißware, die sie in Manufakturen oder bei Herstellern von Markenporzellan einkauft, und macht Unikate daraus.

In ihre »offene Werkstatt« (sie ist Atelier und Verkaufsraum zugleich) kommen viele Touristen, die eine Fluss-Kreuzfahrt auf der nahen Donau machen. Für sie hat die Porzellanmalerin etwa Goldhauben-Tassen oder Passau-Becher als Souvenirs kreiert, Letztere mit den drei Flüssen in verschiedenen Farben. Urlauber bevorzugen kleinere Dinge wie Vasen, Figürchen oder Salz- und Pfeffer-Streuer, weil sie sich ungern mit einer großen Designer-Schale oder einem Weißwurst-Kessel »beschweren«. Stammkunden und Einheimische wissen, dass sie bei Christa Gottinger für jeden Anlass ein individuelles und sogar individualisiertes Geschenk bekommen.

Die Höllgasse wurde im Zuge der Altstadtsanierung Ende der 1980er/Anfang der 1990er Jahre von der Stadt als Künstlergasse konzipiert. Ebenerdig siedelten sich viele Kunstschaffende an. So mancher hat der Meile nach den schlimmen Hochwassern 2002 und 2013 aber den Rücken gekehrt. Die Porzellanmalerin ist ihr treu geblieben.

Adresse Pfaffengasse 2, 94032 Passau-Altstadt | **Öffnungszeiten** Di–Fr 14–17 Uhr, Sa 11–15 Uhr | **Tipp** Das »Unterhaus« ist alles Mögliche: Café, Restaurant, Galerie, (Musik-) Kneipe. Vor allem aber ist es ein Ort, an dem es formidable Kuchen gibt.

73 Die Pesto-Werkstatt

Viel mehr als Nudelsoße

Nach dem Stadtbrand von 1680 wurde der »Untere Sand« mit drei- bis viergeschossigen Wohn- und Geschäftshäusern bebaut. Früher hieß diese Inn-nahe Ecke von Passau einmal »Unter den Färbern«, »Unter den Tuchern« oder »Unter den Weißgerbern«. All diese Gewerbe hatten sich hier angesiedelt, weil sie auf den Fluss angewiesen waren. Uschi Watzl benötigt für ihr Tun dagegen nicht viel Wasser, und schon gar kein Hochwasser, wie es 2013 in das Gebäude drang. Am Sonntag, 3. Juni, brach die Katastrophe über Passau herein, der Inn überflutete ihr Geschäft bis unter die Decke. Inzwischen ist davon nichts mehr zu sehen. In ihrem Laden stellt die gelernte Hotelfachfrau aus dem Bayerischen Wald etwas her, das eigentlich aus Italien stammt: Pesto (von italienisch *pestare* = zerstampfen), eine ungekochte grüne Soße, die klassisch aus Basilikum mit Pinienkernen, Knoblauch, Olivenöl und Käse besteht und meist zu Nudeln gereicht wird. Watzl produziert am Fuße des Dombergs rund 30 verschiedene Sorten. Manche gibt es nur für eine begrenzte Zeit, wie das Bärlauch-Pesto (Frühjahr), das Orangen-Petersilie-Pesto (Sommer), das Eierschwammerl-Pesto (Herbst) oder das Rote-Bete-Pesto (Winter).

Alle Varianten werden aus frischen Zutaten und ohne künstliche Zusätze in kleinen Chargen hergestellt. Als Konservierungsmittel dient nur das verwendete Öl. In der Werkstatt lernt man, wie viele Möglichkeiten es gibt, Pestos zu genießen – beileibe nicht nur zu Nudeln. Die Soßen werden in Pfandgläsern verkauft. Längst geht das Angebot aber über Pesto hinaus. So gibt es beispielsweise auch Nudeln aus einer Grafenauer Manufaktur in spannenden Geschmackskombinationen, für die Uschi Watzl Impulsgeberin ist. Darüber hinaus offeriert sie frisch gekochte Gerichte, natürlich Nudeln mit Pesto, aber auch andere Kreationen. Man kann sie gleich vor Ort verzehren oder mitnehmen. Die Glaserl gibt es samstags auch auf dem Markt am Domplatz.

Adresse Unterer Sand 4, 94032 Passau-Altstadt | **Öffnungszeiten** Di–Sa 11–16 Uhr | **Tipp** Über die Ballhausstiege gelangt man von der pittoresken Carlonegasse zum Domplatz.

74__Der Pranger von Hals

Wenn Perlen verschwinden

Am Marktplatz von Hals steht ein blitzblankes, helles Haus: das ehemalige Rathaus der früheren Ilz-Gemeinde, die seit 1972 zu Passau gehört. Das Gebäude stammt aus dem Jahr 1510, im Kern aus der zweiten Hälfte des 17. Jahrhunderts, und befindet sich unter Denkmalschutz. Heute ist es ein Mehrfamilienhaus mit fünf Wohneinheiten. Das Besondere daran? Das erkennt man, wenn man den Blick nach oben richtet. An einer Ecke ist der Pranger des ehemaligen Pfleggerichts zu sehen: eine Plattform und darüber Hals- und Handschellen. Hier wurden Delinquenten öffentlich vorgeführt. Ihre Strafe bestand vor allem in der Schande und den Schmähungen der Passanten, denen sie ausgesetzt waren.

2017 fanden Archäologen unter der Pfarrkirche St. Georg alte Mauerreste. Dabei handelt es sich vermutlich um Überbleibsel des früheren Pfleggerichts. Diesem stand ein Pfleger, manchmal Richter genannt, vor. Er übte unter anderem auch die Polizeigewalt und die strafrechtliche Gewalt aus.

Vermutlich wurden hier in Hals auch Perlmuschelräuber an den Pranger gestellt. Überliefert ist der Fall eines gewissen Veit König. Dieser wurde 1695 durch ein Gerichtsurteil wegen Perlendiebstahl im Großen Regen nach 99-tägiger »Einsperrung und überstandener Tortur« am Landgericht Zwiesel mit umgehängten Perlmuscheln ausgestellt, sein »Unrechttun« wurde verlesen und der Mann schließlich auf zwei Jahre des Landes verwiesen.

Hals beziehungsweise die Ilz war jahrhundertelang für ihre edlen Flussperlmuscheln bekannt. Diese wurden Mitte des 15. Jahrhunderts das erste Mal erwähnt. 1568 vergleicht der Ingolstädter Kartograf Philipp Apian die Ilzer Perlen in puncto Größe und Schönheit mit ihren orientalischen Schwestern. Um ihren Bestand zu wahren, wurde unerlaubtes Perlfischen unter Strafe gestellt. Dennoch nahm das Vorkommen an Perlmuscheln ständig ab. Inzwischen bemühen sich Biologen, in der Ilz wieder Flussperlmuscheln anzusiedeln.

Adresse Marktplatz 1, 94034 Passau-Hals | **ÖPNV** Buslinie 4, Haltestelle Hals, der Marktplatz befindet sich auf Höhe der Brücke | **Tipp** Die Halser Ilzschleifen sind ein rund 92 Hektar großes Naturschutzgebiet. Die idyllische Flusslandschaft an dem mäandernden Fluss bietet sich für Wanderungen und Radtouren an.

75_Die Promenade-Lichtspiele

Hier darf man die Füße hochlegen

Bei der Wiedereröffnung schlug so manches Passauer Herz ein wenig höher. Viele Einheimische verbinden mit dem ProLi schöne Erinnerungen – nicht selten an den ersten Kuss. Der Film? Der war dann eher zweitrangig. Die 1910 eröffneten Promenade-Lichtspiele an der Inn-Promenade gehören zu den ältesten Kinos Deutschlands. Seit 1927 ist das ProLi in Familienbesitz. Unter Susanne und Manfred Vesper, in der dritten Generation, wurde das Kino-Engagement in Passau um drei Spielorte erweitert: das regelmäßig für sein außergewöhnliches Programm prämierte Scharfrichter-Kino, das Film-Theater Metropolis und das Multiplexkino Cineplex in der Stadtmitte.

2006 wurden die Projektoren des ProLi ausgeschaltet, weil es nicht mehr zeitgemäß war. Nach einem Umbau wurde das Gebäude als Kulturzentrum genutzt. Die Inn-Flut 2013 machte aber auch vor der Film-Kultstätte nicht halt: Das Haus musste aufwendig saniert werden.

Der Neustart erfolgte im Jahr 2018, in der vierten Generation der Familie Vesper. Es entstand ein Premium-Kino mit 72 Plätzen, Ledersesseln sowie einer letzten Reihe, die doppelt so breit ist und in der man tatsächlich die Füße hochlegen kann. Die wellenaffine Innenarchitektur verweist auf die Nähe zum Fluss. Das komfortable Sehen und Erleben wird neuerdings mit einem kulinarischen Angebot kombiniert. Andreas und Julia-Marie betreiben hier ein französisch angehauchtes Restaurant-Café und servieren Kaffee-Spezialitäten, selbst gebackenen Kuchen und bretonische Galettes (herzhafte Buchweizen-Crêpes). Großen Wert legen die Vespers auf Regionalität und Nachhaltigkeit. Der Kaffee stammt aus der Rösterei Heinrichs in Hengersberg, und der Apfelsaft kommt vom Passauer Klostergarten. Die Promenade-Lichtspiele sind heute also viel mehr als ein Kino-Saal: Kino, Kultur, Küche und Kaffee sind eng miteinander verbunden. Beste Voraussetzungen für einen neuen Erinnerungsort!

Adresse Unterer Sand 13, 94032 Passau-Altstadt | **Öffnungszeiten** So–Do 11.30–23 Uhr, Fr, Sa 11.30–0.45 Uhr; Programm unter www.kino-passau.de | **Tipp** Das Restaurant »Goldenes Schiff« hat eine lange Tradition. Bereits im 13. Jahrhundert stand an dieser Stelle ein Wirtshaus. In der Pension kann man stilvoll und günstig (gelegen) übernachten.

76 Die Prunkschale

15.000 Kunstwerke dicht an dicht

Für den Schweizer Schriftsteller Friedrich Dürrenmatt war dieses Museum das »schönste Glashaus der Welt«: Gründer Georg Höltl und Sohn Peter haben in jedem Fall etwas Einzigartiges geschaffen. Rund 30.000 Gläser – die Hälfte ist in dem historischen Gebäudekomplex ausgestellt – zeigen die Vielfalt der Glasherstellung zwischen 1650 und 1950. Den Schwerpunkt bildet die Zeit des 19. Jahrhunderts, als es im bayerisch-böhmischen Grenzraum rund 200 Glashütten gab, bis zum Jugendstil. Eröffnet wurde das Museum 1985 von dem Astronauten Neil Armstrong, dem ersten Menschen auf dem Mond.

Vor allem amerikanische Besucher sind große Fans der Jugendstil-Kunstwerke der ehemaligen böhmischen Glashütte Lötz, und es kommt schon mal vor, dass sie ein Stück aus ihrem Besitz mit im Gepäck haben, um zu erfahren, was es wert ist. Doch im Glasmuseum wird weder geschätzt noch an- und verkauft. Die viele Tausende Exponate stehen dicht an dicht, und es ist schier unvorstellbar, welche Kunstwerke aus Glas geschaffen wurden. Einer der vielen Höhepunkte sind die geformten Phantasie-Gläser im zweiten Stock. Jedes einzelne ist ein Kunstobjekt, das eine etwas luftigere Präsentation gut vertragen könnte.

Fragt man Peter Höltl nach dem herausragendsten Exponat der Sammlung, nennt er eine Prunkschale aus Nordböhmen, die er mit seinem Vater auf einer Sotheby's-Auktion in London ersteigert hat. Sie zeigt die Hochzeit von Neptun mit Amphitrite. Der Graveur Karl Pietsch hat drei Jahre (1878–1881) an der Schale gearbeitet. Der 2016 verstorbene Gründer Georg Höltl versagte sich jedoch alle Euphorie zugunsten eines Lieblingsglases. Ihm ging es darum, dass ein Stück Geschichte bewahrt wird. Sein Museum ist aber nicht nur ein Ausstellungsort, sondern auch ein Forschungszentrum: Experten kommen immer wieder nach Passau, um über die Geschichte der Glasherstellung zu recherchieren.

Adresse Schrottgasse 2, 94032 Passau-Altstadt | **Öffnungszeiten** Mo–So 9–17 Uhr | **Tipp** Das historische Hotel Wilder Mann im gleichen Haus: Hier logierten schon Graf Ferdinand von Zeppelin, die österreichische Kaiserin Sisi, Yoko Ono und Michael Gorbatschow.

77 Die Pummerin

Die Stimme des Bischofs

Das geht bis tief in den Bauch hinein: Wer etwa am Samstagmittag den Wochenmarkt am Domplatz besucht, bekommt eine Vorstellung von der majestätischen Kraft von Kirchenglocken. Dabei ist die wuchtigste der acht Glocken des Stephansdoms beim großen Mittagsgeläut noch nicht einmal dabei. Die »Pummerin« ist eine ganz spezielle Glocke: Sie ist so etwas wie die Stimme des Bischofs und ertönt nur zu besonderen Anlässen: zu Hochfesten wie Weihnachten, Ostern oder Pfingsten und auch anlässlich von Firmungen – immer dann, wenn der Oberhirte mit Stab und Mitra ein Pontifikalamt hält.

Die große Pummerin wurde wie die Kathedrale dem heiligen Stephan geweiht. Sie hat einen Durchmesser von gut 2,30 Meter und wiegt knapp acht Tonnen. Sie hängt in einer der beiden Glockenstuben des Südturms. Ihr Schlagton ist das Fis. Gegossen wurde das Schwergewicht 1952 von dem Handwerksbetrieb Rudolf Perner. Damals war sie die größte Kirchenglocke Westdeutschlands. Aus der renommierten Glockengießerei Perner stammt im Übrigen auch die größte Glocke Ungarns, die 9.250 Kilo schwere Friedensglocke im Budapester Stephansdom. Von Passau aus wurden ab 1947 Tausende Bronzeglocken in alle Welt auf die Reise geschickt. 2013 ging die über 400-jährige Glockengießer-Tradition in Hacklberg zu Ende. Bei Perner wollte man sich fortan auf die Wartung und Reparatur bestehender Glocken konzentrieren, gießt aber seit 2017 wieder in kleinem Umfang.

Geläutet wird längst elektronisch. Das Herzstück des Geläuts befindet sich nicht in den Glockentürmen, sondern in der Sakristei. Es steht via Funk in Kontakt mit der Atomuhr in Braunschweig. Im System sind alle Arten von Geläut zu den unterschiedlichsten Anlässen mit den dazugehörigen Zeiten und den beteiligten Glocken gespeichert. So kann man sich darauf verlassen, dass der Glocken-Gruß vom Stephansdom in die Altstadt hinein pünktlich erfolgt. Auf die Sekunde genau.

Adresse Domplatz, 94032 Passau-Altstadt | Öffnungszeiten Dom täglich 6.30–18 Uhr im Winter, im Sommer bis 19 Uhr, Führungen Di–Fr 6-12 Uhr | Tipp Die Domgruft dient als letzte Ruhestätte zahlreicher Passauer Bischöfe. Sie befindet sich unter dem Dom St. Stephan und kann jeweils an Allerseelen und am Todestag des letztverstorbenen Bischofs besichtigt werden.

78 Das Puppentheater Lumumba

Café Museum als Bühne für Berta und Seppel

Das Leben schreibt immer wieder interessante Geschichten. Als sich Gesa Peters und Susanne Kubiak vor fast zwei Jahrzehnten auf dem Wochenmarkt kennengelernt haben, ahnten sie nicht, dass sie eines Tages gemeinsam ein Puppentheater betreiben würden. Ihre Bühne ist inzwischen das Café Museum in der Altstadt. Wo an den Abenden regelmäßig Jazz-Events stattfinden, jubeln an den Nachmittagen am Wochenende die Jüngsten ihren kleinen Helden zu: dem Seppel, dem Kasperl oder Superstar Berta, dem Krokodil.

Mit Zwerg Nase hat alles angefangen. Bei den Passauerinnen spielt das Stück im Orient. Sie schreiben bekannte Märchen um, erfinden eigene Kasperlgeschichten und nähen die Puppen und deren Kostüme selbst. Mit ihrem Königlichen Hoftheater Lumumba haben sie rund 30 Stücke im Repertoire. Dass bei den Kids auch im Zeitalter von Smartphones und Technik-Spielen Altbewährtes gut ankommt, zeigt die Schar der vielen treuen Besucherinnen und Besucher, die regelmäßig in das spätgotische Gebäudeensemble in der Bräugasse kommen.

Das Anwesen in der Altstadt war früher vermutlich ein Priesterhaus des gegenüberliegenden ehemaligen Benediktinerinnenstifts Niedernburg, das um 740 entstanden ist. Ende der 1980er Jahre wurde das gesamte Gebäude sorgfältig restauriert. Auf dem Terrain befanden sich ursprünglich vier einzelne Häuser, die in ihren Grundmauern heute noch erhalten sind. Die beiden vom Café Museum genutzten Räume in der rechten Gebäudehälfte sind mit Kreuzgratgewölben und einem achteckigen Granitpfeiler ausgestattet.

Für Peters und Kubiak ist ein Beruf zur Berufung geworden. Und inzwischen ist jede Vorstellung irgendwie ein wenig anders. Durch improvisierte Monologe und Dialoge entwickeln die Hauptfiguren fast schon so etwas wie ein Eigenleben. Wenn die Frauen nicht im Café spielen, treten sie auf Kindergeburtstagen und Festen auf.

Adresse Bräugasse 17, 94032 Passau-Altstadt | **Öffnungszeiten** Aufführungen Okt.–Mai Sa 15 Uhr, Programm unter www.puppentheater-lumumba.de | **Tipp** Im Ort 9, nahe der Ortsspitze, befindet sich das »Atelier am Fluss«. Dort kann man sich die Bilder der Künstlerin und Pianistin Margareta Schäffer ansehen.

79 Der Rathaus-Innenhof

Die junge Alte

Sie ist die grüne Dominante und Konstante im idyllischen Rathaus-Innenhof: eine alte Kastanie. Doch der Schein trügt, obwohl sie groß, kraftstrotzend und mächtig ist, hat sie noch gar nicht so viele Jahrzehnte in ihrem dicken Stamm gespeichert, wie man meinen könnte. Auf einem Schild ist nachzulesen, dass sie »erst« im Jahr 1935 gepflanzt wurde. Inzwischen gehört sie zu einer ganzen Reihe von Baum-Naturdenkmälern in der Stadt. Darunter sind Linden, Trompeten- und Gingkobäume, eine wunderschöne, riesige Blutbuche sowie eine Traubeneiche mit einem Umfang von 570 Zentimetern – und natürlich die Kastanien-Allee an der Innpromenade (siehe Ort 46). Viele dieser Bäume befinden sich in Privatbesitz.

In der Regel kommen nur die Mitarbeiter der Stadtverwaltung in den Genuss der Kastanien-Beschattung, beispielsweise in der Mittagspause, wenn sie ihr Essen aus der Kantine mit nach draußen nehmen. Doch (mindestens) einmal im Jahr wird hier öffentlich gefeiert, musiziert, getanzt, geswingt, sich fröhlich vergnügt. Denn in der Sommerzeit schlägt an diesem lauschigen Ort der Puls des Jazz – unter freiem Himmel und obendrein auch noch gratis. Und das nicht nur an einem einzigen Tag, sondern ein bis zwei Monate lang. Die große stilistische Bandbreite ist ein Markenzeichen des Festivals. Durch den kostenfreien Eintritt soll es allen Schichten und Altersgruppen möglich sein, die Konzerte zu besuchen.

Das Passauer Rathaus ist ein großer und verschachtelter Komplex. Erstmals urkundlich erwähnt wurde es 1298, als die Bürger es sich in einem Aufstand gegen den Fürstbischof erkämpften. Der heutige Baubestand stammt aus den Jahren 1393 bis 1683. Darauf weist eine kleine Tafel auf der Seite zur Schrottgasse hin. Das Rathaus wurde aus sieben historischen Gebäuden zu einer Einheit verbunden. Beim großen Stadtbrand von 1662 wurde es schwer in Mitleidenschaft gezogen.

Adresse Schrottgasse, 94032 Passau-Altstadt | Öffnungszeiten Mo–Fr 8–12 Uhr, Mo, Di auch 13–16 Uhr, Do 13–17 Uhr | Tipp Auf der Parkplatzsuche fährt man oft achtlos vorbei. Dabei ist die Friedenslinde am Kriegerdenkmal Karolinenplatz ein Naturdenkmal und schon ganz schön alt. Sie wurde 1871 gepflanzt.

80__Das Römermuseum

Alles andere als staubtrocken

Im Garten schauen einige Besucher fasziniert in eigenartige Guck-Kästen. Was sie dort erblicken? Bilder, die zeigen, wie das Leben zur Römerzeit genau an diesem Ort ausgesehen haben muss. Die sogenannten Stereoskope sind Teil der Neukonzeption des Römermuseums in der Innstadt. Das Besondere daran: Das Museum steht auf den Fundamenten des spätrömischen Kastells Boiotro. Reste der Militärbefestigung sind im Freigelände zu besichtigen. Mit dem Stereoskop erwachen sie zum Leben. An dem Ort, an dem sich heute in einem spätmittelalterlichen Haus das Römermuseum befindet, war eigentlich ursprünglich ein Kindergarten geplant. Bei den Ausschachtungsarbeiten stieß der Baggerfahrer 1974 auf eine alte Mauer. Wie sich herausstellte, war diese Teil einer spätrömischen Befestigung.

Wer bislang geglaubt hat, dass ein Museum, das sich mit der Geschichte Passaus zur Römerzeit befasst, eine staubtrockene Angelegenheit ist, der wird in der Innstadt eines Besseren belehrt. Die Initiatoren haben großen Wert darauf gelegt, das Wissen über das römische Passau möglichst anschaulich und modern zu vermitteln. Dazu gehören ein Film, der die Römerzeit virtuell rekonstruiert, Touchscreens und eindrucksvolle Kastell-Modelle. Das Museum zeigt fast ausschließlich Funde aus Passau bis zum Ende der Römerherrschaft im späten 5. Jahrhundert n. Chr. An einer Mauer im Inneren kann man über 1.700 Jahre Baugeschichte von der spätantiken Kastellmauer bis zur Museumserweiterung ablesen.

Auch der Spaß kommt in diesem Museum nicht zu kurz. In einem Bereich lernt man, dass sich schon die alten Römer ihre Zeit gerne mit Spielen vertrieben haben. Viele Brettspiele, die man heutzutage kennt, gab es schon damals. Man kann hier die antiken Regeln ausprobieren. Und gleich noch ein wenig Römer-Quiz spielen. Da geht es um Fragen wie: Kannten die Römer Tomaten-Ketchup und Pommes?

Adresse Lederergasse 43, 94032 Passau-Innstadt | **ÖPNV** Buslinie K2, Haltestelle Friedhof, Severinstor passieren und der Lederergasse folgen | **Öffnungszeiten** Di–So 10–16 Uhr | **Tipp** In einem Kinoraum kann man sich einen Film (13 Minuten) ansehen, der das römische Leben in Passau virtuell rekonstruiert. Die alte Tabakfabrik in der Mühltalstraße 10 wird seit Anfang der 1990er vom Musikförderverein Passau betrieben und bietet vor allem Proberäume für Passauer Bands.

81_Das Rosenstängl-Haus

Ein Leben für Porzellan

Zu einer Zeit, als schönes, wertiges Geschirr und eine entsprechende Tischkultur noch großgeschrieben wurden, gab es einen Namen, der untrennbar damit verbunden war. Viele junge Mädchen und Frauen bekamen dort ihre Aussteuer gekauft und waren später selbst Kundinnen. »Rosenstängl« stand für funkelnde Markengläser und edles Porzellan. Und für zwei unzertrennliche Schwestern: Lilly und Gabriele. Lilly führte einen Laden am Rindermarkt und Gabriele in der Grabengasse.

Ihr Vater Gustav Rosenstängl jun. (1893–1949) hatte eine Ausbildung als Figurenmaler in der Passauer Porzellanmanufaktur Lenck absolviert und 1924 das väterliche Porzellangeschäft in der Grabengasse übernommen. Wie auf dem Schild zu lesen ist, wurde das Geschäft 1899 von Gustav Rosenstängl sen. (1864–1931) gegründet. Er war Zeichenlehrer an der Höheren Töchterschule Höff in diesem Gebäude. 1931 wurde die Filiale am Rindermarkt eröffnet.

Rosenstängl galt als führender Porzellanmaler in Ostbayern. Er entwarf das »Passauer Muster«. 1950 wurde dem früheren Bundeskanzler Konrad Adenauer bei seinem Passau-Besuch der Kaffee in einem Rosenstängl-Tässchen serviert. Die Schwestern bekamen ihr eigenes Muster: Gabriele das »Muschi-Muster« (ihr Spitzname), für Lilly gab es Mokkatässchen mit Widmung.

Nach dem Tod des Vaters hatten Lilly und Gabi mit ihrer Mutter den Betrieb übernommen. Sie gaben die Porzellanmalerei auf und konzentrierten sich auf den Einzelhandel mit Porzellan, Glas und kunstgewerblichen Gegenständen. 1963 eröffneten die Schwestern am Rindermarkt eine »Rosenthal Studio Abteilung« – die einzige weit und breit. Lilly Rosenstängl hielt Vorträge und organisierte Ausstellungen. Weil die Schwestern keine Nachfolger fanden, schlossen sie 1989 die Türen für immer. Wer sich für Passauer Porzellan interessiert, findet in der Galerie Wildner eine große Sammlung.

Adresse Grabengasse 22, 94032 Passau-Altstadt | **Öffnungszeiten** nicht öffentlich zugänglich | **Tipp** In der umfangreichen Porzellansammlung des Oberhausmuseums kann man auch Meisterwerke aus Passau bewundern. Führend war hier die Manufaktur Lenck.

82 Das Rotel Inn

Das Fenster zum Fluss

Direkt am Ufer der Donau liegt ein Mensch – ein ziemlich großer sogar. Er hat einen blauen Kopf, durch den man in sein Inneres gelangt. In seinem weißen Körper kann man übernachten, in seinem angedeuteten roten Arm frühstücken. Die 85 Meter lange Großplastik nennt sich Rotel Inn und ist ein besonderes Hotel mit einem ganz speziellen (patentierten) Konzept. Es stammt von Georg Höltl, dem Erfinder von Rotel Tours. Der Unternehmer war in Deutschland der Pionier für Reisen und Schlafen im Bus. Beim Rotel Inn wird die Idee der Rotelkabine auf ein Hotel (»Inn«) übertragen.

1993, im Europajahr, eröffnete er das auffällige Hotel mit bettengroßen Zimmern zu moderaten Preisen. Das Graffiti-Kunstwerk im Kopf symbolisiert das ruhende Europa, das die wirtschaftliche Auseinandersetzung mit Asien verschläft. Es wurde von jungen Künstlern der Euro-Graffiti-Union umgesetzt. Höltl war in vielerlei Hinsicht ein Vordenker. Er erkannte früh die Bedürfnisse der Radfahrer (der beliebte Donau-Radweg führt direkt am Hotel vorbei) und von Reisenden mit einem geringen Budget, die die Nähe zur Altstadt (ein paar Gehminuten) und zum Hauptbahnhof (50 Meter) schätzen.

Luxus gibt es hier nicht. Vielmehr: flotte Funktionalität und fröhliche Farben. Den Wiener Architekten Hans Hoffer haben Wasser, Wellen und Schiffe zu vielen Details – dazu gehören auch immer wieder kleine Boote – inspiriert. Im Frühstücksraum fließen an der Decke die drei Flüsse Donau, Inn und Ilz zusammen.

Die 70 Zimmer auf vier Etagen haben alle ein Fenster zum Fluss. Sie bieten nicht viel mehr als ein Bett, einen Tisch, ein Regal, einen Spiegel. Die Bäder – im Schnitt eines für zwei Zimmer; ein Licht auf dem Gang zeigt an, ob es besetzt ist – befinden sich zur Stadt hin direkt gegenüber. In den großzügigen Aufenthaltsräumen, der Cafeteria oder auf der Sonnenterrasse mit Blick auf die Donau, gibt es mehr Platz.

Adresse Haissengasse 10, 94032 Passau-Haidenhof, Buchungen unter Tel. 0851/95160 | **Anfahrt** A 3, Ausfahrt Passau-Nord, die Donau bei Franz-Josef-Strauß-Brücke rechts überqueren, links Richtung Passau Zentrum, der Regensburger Straße bis zum Hotel folgen | **Tipp** Eine Etappe des Donau-Radwegs führt von Passau nach Linz. Zu den Höhepunkten gehören das Stift Engelszell und die Schlögener Schlinge. Dort wendet die Donau in einer engen Kehre um 180 Grad und dann gleich wieder in die andere Richtung.

83 Die rote Telefonzelle

Kein Anschluss

Nein, telefonieren kann man von hier aus nicht mehr. Dafür hat die britische Telefonzelle mit ihrem Kuppeldach auf dem Campus der Universität Passau längst Kultcharakter. Die berühmten roten Telefonzellen wurden 1924 von dem Architekten Sir Giles Gilbert Scott entworfen und sind auch nach ihm benannt. Das im Rahmen eines Wettbewerbs von Scott in Silber designte Modell wurde auf Anweisung der britischen Postbehörde rot gestrichen, damit die Telefonzellen aus der Ferne gut zu erkennen sind.

Und weil das in der Tat gut funktioniert, wurde die Gilbert-Scott-Telefonzelle an der Passauer Innstraße zu einem beliebten Treffpunkt. Ursprünglich sollte sie die Auslandsverbundenheit der Uni symbolisieren. Die Idee dazu hatte 1988 die Hochschulgruppe »Marketing Initiative Passau« – eine studentische Initiative der Wirtschaftswissenschaftlichen Fakultät. Daraus wurde ein spannendes Praxisprojekt für Studierende der Betriebswirtschaftslehre, das von der damaligen Universitätsleitung unterstützt wurde. Sie übernahm die Kosten der Telefonzelle: 460 britische Pfund (rund 1.500 Mark).

Doch als die Zelle in Passau ankam, war der Frust groß, denn ihr Zustand war desaströs. Eine Lackiererei sollte sie instand setzen, doch während der Reparatur fiel das schwere Gusseisengehäuse um – und war endgültig schrottreif. Mit Unterstützung der Lackiererei wurde daraufhin eine zweite Telefonzelle importiert und renoviert. Diese steht bis heute in nächster Nähe des Audimax.

Die Nummer zwei ging im Sommer 1989 in Betrieb und wurde zum 30. Juni 2015 von der Deutschen Telekom »abgeschaltet«. Alle anderen Telefonzellen auf dem Unigelände waren schon früher abgebaut worden. Doch für die rote englische Schwester hatte die Universitätsleitung immer wieder um Aufschub gebeten. Schließlich war diese längst zu so etwas wie einem bescheidenen, aber prägnanten Wahrzeichen des Passauer Campus geworden.

Adresse Innstraße 33, 94032 Passau-Haidenhof | Tipp Ein Spaziergang am Inn entlang bis zur Ortsspitze. Dort symbolisiert eine 300 Kilo schwere Bronzekugel die Sonne und weist auf den Passauer Planetenpfad hin.

84 Der Salzstadel

Ein Lager für »weißes Gold«

Manchmal muss man den Blick heben, um Details zu entdecken, die die Geschichte eines Gebäudes verraten. Dies gilt auch für die Nummer 9 im »Ort«. Zwei barocke steinerne Salzfässer, die hier in die Wand eingemauert sind, signalisieren, dass in diesem Haus in der ersten Hälfte des 16. Jahrhunderts »weißes Gold« gelagert und verkauft wurde.

Im Mittelalter erlebte die Stadt durch den Salzhandel eine wirtschaftliche Hoch-Zeit. Salz war ein wichtiger Rohstoff, nicht nur für die Glas- und Keramikherstellung, sondern auch zum Konservieren von Lebensmitteln. Mit dem Zusammenfluss von Donau, Inn und Ilz war Passau von der Topografie her ideal als Umschlagplatz zwischen Österreich, Bayern und Böhmen geeignet. Auf dem Inn wurde das Salz von Bergwerken wie Hallein stromabwärts auf schweren Holzkähnen in die Dreiflüssestadt transportiert. Sogenannte Salzfertiger deponierten das Salz, das mindestens drei Tage in Passau gelagert und zum Verkauf angeboten werden musste. Dann ging es über die Ilzstadt auf dem Säumerweg »Goldener Steig« nach Böhmen. Seine Blüte erlebte der Steig im 16. Jahrhundert, nachdem er zum internationalen Handelsweg geworden war.

1526 begann die Herrschaft der Habsburger in Böhmen. Sie versuchten durch eine drastische Zollerhöhung, das Halleiner Salz vom böhmischen Markt zu verdrängen. Böhmen sollte allein von den habsburgischen Salinen im Salzkammergut versorgt werden. Dieses wurde über die Traun nach Linz und dann nach Budweis transportiert. Anfang des 18. Jahrhunderts wurde die Einfuhr von Salz aus Passau verboten. Das bedeutete das Ende für den Goldenen Steig – und für die goldenen Zeiten der Stadt.

An diese soll auch eine Skulptur des Künstlers Dietrich Förster erinnern. Ein »Leuchtender Salzkristall« aus Acrylglas auf einer Stahlstele hat auf dem östlichen Kopf der Ilzbrücke einen prominenten Platz gefunden.

Adresse Ort 9, 94032 Passau-Altstadt | Öffnungszeiten nicht öffentlich zugänglich | Tipp Die Statue vor dem Waisenhaus im Ort ist dem Heiligen Johannes Nepomuk, dem Patron der Schiffer, Flößer und Müller, gewidmet. Die Bilder neben dem Tor der Waisenhaus-Kapelle zeigen den Stifter Lukas Kern und seine Ehefrau Anna Theresia.

85 Die Sankt-Anna-Kapelle

Ein Denkmal als Kunst-Kulisse

Wer noch kein Kunstliebhaber ist, der wird es spätestens an diesem Ort. So beeindruckend ist die Ausstellungskulisse, die sich den Besuchern bietet. Ob Installation, Malerei oder Fotografie – in der Sankt-Anna-Kapelle in der Heiliggeistgasse kommen die Werke besonders gut zur Geltung. Die Kirche des ehemaligen Franziskaner-Konvents wurde 1588 vollendet und wird, schon lange profaniert, vom Kunstverein Passau als Veranstaltungs- und Ausstellungsraum genutzt.

Die Kapelle ist aufgrund ihrer einzigartigen Stilmischung von Spätgotik und Renaissance eines der bedeutendsten Denkmäler von Passau. Dies gilt vor allem für die Deckenfresken und das feingliedrige Netzrippengewölbe. Sie blieb seit der Säkularisation im Besitz der Bürgerlichen Heiliggeiststiftung und wurde vielfältig genutzt, etwa als Zeughaus für die Passauer Bürgerwehr und von 1889 bis in die 1960er Jahre als städtische Warmbade-Anstalt, als viele Altstadtwohnungen noch nicht über Bäder verfügten. Der Kunsthistoriker Matthias Koopmann berichtet in seinem Buch »Um zwoa an da Ua«, dass den Reinigungswilligen 13 Wannenkabinen und sechs Waschräume zur Verfügung standen. Die meisten waren im einstigen Klosterkreuzgang eingebaut.

In der Folgezeit nutzte der Kunstverein ausschließlich den Kapellenraum. Nach einer grundlegenden Renovierung und Modernisierung der gesamten früheren Klosteranlage mit Öffnung des Kreuzgangs und des Innenhofs hat sich die Ausstellungsfläche fast verdoppelt. Den Skulpturen und Plastiken bietet der reich durchfensterte Kreuzgang unvergleichliche Lichtverhältnisse.

Der Kunstverein wurde 1949 gegründet. Er hat es sich zur Aufgabe gemacht, zeitgenössische bildende Kunst und ihre Künstler zu fördern. Dabei präsentiert er auch immer wieder originelle Themenausstellungen wie zum Beispiel »Urbex – Erforschung von Stadt und Raum«, die sich mit Leben und Wohnen aus den unterschiedlichsten Perspektiven mehrerer Künstler beschäftigen.

Adresse Heiliggeistgasse 4, 94032 Passau-Altstadt | Öffnungszeiten Di–So 13–18 Uhr | Tipp Im 1.000-jährigen Stiftskeller werden Weine, die von eigenen Weinbergen in der Wachau stammen, ausgeschenkt.

86 Das Scharfrichterhaus

Kabarett, Kino und Küche

Der Legende nach soll in der Milchgasse 2 anno dunnemals der Scharfrichter von Passau gewohnt haben. Doch verbürgt ist das nicht. Fakt ist, dass sich in dem Gebäude – einem der ältesten der Stadt – vom 13. Jahrhundert bis ins 15. Jahrhundert das gefürchtete Prisilig-Gefängnis befand. Seit 1977 steht die Adresse nun aber schon für Kleinkunst und Kabarett. Ein überdimensionaler Scharfrichter an der Fassade ist das Wahrzeichen des Hauses. Die Gründer Edgar Liegl und Walter Landshuter wollten mit ihrem Scharfrichterhaus ein »Modell der Gegenkultur in der Provinz schaffen«. Die örtliche Kirche, die CSU und die regionale Tageszeitung hatten anfangs ihre Probleme mit dem kritischen, antiklerikalen Geist der Kabarettisten Siegfried Zimmerschied, Bruno Jonas und Co. Doch all das Boykottieren, gerichtliche Verbieten und Totschweigen bewirkten eher das Gegenteil und machten die Bühne überregional bekannt.

Längst wird das Haus auch von all denen akzeptiert und goutiert, die es früher nie betreten hätten. Sie kommen nicht nur zu den Vorstellungen im Kellergewölbe, sondern auch zum Essen und Trinken oder in das kleine Programmkino. Von der Hochwasserkatastrophe 2013 blieb das Scharfrichterhaus nicht verschont und wurde im Zuge der Renovierung komplett neu gestaltet. Die Bühne wurde nach hinten verlegt und die Gastronomie nach vorne zum Eingang hin. Viele Stammgäste mussten sich erst einmal an das neue Kleid gewöhnen. Auf einmal waren die geliebten Sofas und die alte Kirchenbank verschwunden.

Doch nicht zuletzt durch die neue, farbig-fluoreszierende Bar ist das Scharfrichterhaus zu einem gastronomischen Kleinod geworden. Im Sommer lockt der Arkadeninnenhof ins Freie. Außerdem gibt es auch noch eine Vinothek und einen Weinkeller. Und die Kabarettisten? Die treten hier immer noch auf. Der Sigi Zimmerschied etwa, der kann von seinem Heim in der Innstadt zu Fuß in die Milchgasse gehen.

Adresse Milchgasse 2, 94032 Passau-Altstadt | **Öffnungszeiten** Restaurant Mo–Sa 17–1 Uhr, Programm www.scharfrichterhaus.de, Kartenvorverkauf im Kulturbüro Mo–Fr 10–16 Uhr oder online | **Tipp** Schräg gegenüber kann man zu einer Dreiflüsserundfahrt starten – der Klassiker im Passau-Programm.

87 Die Schrottgasse 8

Ein Haus als Lesebuch

Die Schrottgasse ist die breiteste Altstadtgasse und führt vom Rathaus hoch zum Residenzplatz. Auf der rechten Seite befindet sich eine Tür mit vielen Jahreszahlen. Wenn man Glück hat, steht sie offen und gibt den Blick frei in das museal anmutende Innere eines hochdekorierten Hauses. Fassadenpreis, Denkmalmedaille, bayerischer Denkmalpflegepreis in Silber in der Kategorie »private Bauwerke« – die Hausherren scheinen bei der Sanierung des Gebäudes mit der Hausnummer 8 sehr viel besonders gut gemacht zu haben.

Gleich im Eingangsbereich findet sich eine 16 Meter lange Glaswand, die die Bewohner und ihre Gäste auf eine Zeitreise durch die lange Geschichte des Gebäudes mitnimmt. Die Ziffern auf der Eingangstür repräsentieren die Jahreszahlen, die für die auf der Zeittafel dokumentierten Bauphasen maßgeblich sind. Mit viel Liebe haben die Eigentümer viele Bruchstücke aus der Vergangenheit in die Gegenwart befördert und für sie eine Bühne geschaffen. Das ganze Haus strotzt vor Historie: romanische Säulen, gotische Fußböden, Spuren der Stadtbrände 1662 und 1680, barocke Stuckdecken. Die Ursprünge des Gebäudes liegen vermutlich um das Jahr 1200.

Bei der Sanierung des zuvor völlig heruntergekommenen Objekts hat man Phantastisches geleistet, auch im kunst- und kulturhistorischen Sinn: Eine unverputzte Bruchsteinwand, eine freigelassene Stuckdecke: »Zeitfenster« machen immer wieder das Alter des Hauses sichtbar. In Vitrinen werden Fundstücke gezeigt. Die Hausbewohner können so mit der Geschichte des Gebäudes leben und ihr Zuhause als ein »Lesebuch der Geschichte« erleben. Man fand beispielsweise ein Mathematikheft aus dem Jahr 1916 und Eisennägel aus der Zeit zwischen 1700 und 1800 in den Balken. Auch in den Wohnungen in dem 1.100 Quadratmeter großen Objekt lebt die Vergangenheit fort, etwa in alten Hölzern oder Wandbemalungen.

Adresse Schrottgasse 8, 94032 Passau-Altstadt | Öffnungszeiten nur von außen zu besichtigen | Tipp Sie entwirft und fertigt alle Schmuckstücke selbst, die es in ihrer Werkstatt am Residenzplatz 1 gibt: Julia Zanella. Nicht weit von hier betreibt ihre Schwester Christine in der Schustergasse die Galerie »Lichtraum«.

88 Die Schwägerlwirtschaft

Eine Möbelverwandelei

Schwägerlwirtschaft? Was darf man sich denn darunter vorstellen? Zum einen heißt die Erfinderin Katharina Schwägerl. Zum anderen wurde das Haus, in dem sie lebt und arbeitet, bereits ab dem 17. Jahrhundert als Gastwirtschaft genutzt: als Wein- beziehungsweise Weißbierschänke. Ab 1876 war das Innstadt-Gebäude im Besitz von Apothekern und ist in Passau daher auch als »Alte Apotheke« bekannt. Vor einigen Jahren ist die junge Schauspielerin und Mutter wieder in ihr Elternhaus zurückgekehrt, in dem sich heute keine Apotheke mehr befindet, nur ein Teil der früheren Einrichtung.

Im Erdgeschoß hat sich Schwägerl eine eigene Bühne geschaffen, einen Ort, an dem sie eine andere Seite ihrer Kreativität ausleben kann. Hier verwandelt sie sich nicht selbst in eine Figur, sondern verändert und verschönert alte Möbelstücke. Streichen, Dekorieren, Basteln, Handarbeiten, das hat sie schon immer geliebt. Sammeln auch. Es besteht daher immer die Gefahr, dass sie mehr vom Wertstoffhof mit- als hinbringt.

In ihrer »Möbelverwandelei«, die Laden und Werkstatt zugleich ist, gibt es mehrere Möglichkeiten: Man kann sich ein Teil von ihr aufpeppen lassen, etwas kaufen, das bereits von Schwägerl »verzaubert« wurde, wie sie es nennt, oder man lernt bei ihr – im Rahmen von Workshops – Techniken, wie man das selbst tun kann. Auch die Utensilien dafür kann man erwerben. Dazu gehören spezielle Kreidefarben, mit denen man sofort loslegen kann, ohne Möbelstücke abschleifen und vorbehandeln zu müssen.

In einem der ältesten Häuser der Innstadt (1636 erstmals erwähnt) wird betagten Möbeln neues Leben eingehaucht. So wie Katharina Schwägerl als Schauspielerin Geschichten erzählt hat, lässt sie sich nun von den Gegenständen und ihrer potenziellen Historie inspirieren. Ob altes Buffet, Tischerl oder alter Stuhl – nach der Verwandlung kommen sie wieder groß heraus.

Adresse Löwengrube 1, 94032 Passau-Innstadt | ÖPNV Buslinie 3/4, Haltestelle Kirchenplatz | Öffnungszeiten Do und Fr 13–18 Uhr, Sa 9.30–14 Uhr | Tipp Das »Kaffeewerk« ist vor allem bei Jüngeren Kult. Bei schönem Wetter kann man es sich in Liegestühlen bequem machen.

89_Die Soiz Galerie

Den Fokus auf der Fotografie

Fotos sind ihre Leidenschaft. Vor allem solche, die etwas zu sagen haben. Weil sie diese Faszination auch anderen nahebringen will, gründete Eva Riesinger 2015 eine Galerie in der Altstadt. In der Schustergasse präsentiert sie zeitgenössische Arbeiten von Newcomern und bereits im Kunstmarkt etablierten Fotografen. Die Soiz Galerie ist mit ihrem Fokus auf Fotografie im Dreiländereck Deutschland–Österreich–Tschechien einzigartig. An dem hellen puristischen Ort, an dem Weiß dominiert, möchte die Galeristin den Besuchern Konzentration ermöglichen, ihnen die Gelegenheit geben, bewusst zu schauen, der schier allgegenwärtigen virtuellen Bilderflut etwas Konkretes entgegensetzen.

Sie hat einen Raum geschaffen, in dem man in Ruhe Zeit verbringen kann, in dem man sich auf neue Seh-Erfahrungen einlassen kann, und in dem man sich eventuell gespiegelt sieht, etwas Neues über sich selbst erfährt. Reine Dekorationsobjekte, nur Ästhetik, das ist ihr zu wenig.

Die Fotokünstler, die hier ausstellen, kommen aus der ganzen Welt. Sie zeigen Einzelbilder, lassen mit ihren Fotoserien an den Wänden aber auch Geschichten im Kopf des Betrachters entstehen. Riesinger will das kulturelle Leben in der Stadt durch neue Facetten bereichern und hat sich dafür eine gute Lauflage ausgesucht. Ihr Reich, das sind der Eingangsbereich und zwei Räume – 60 Quadratmeter. Warum die Galerie »Soiz« heißt? Auf gut Niederbayerisch soll das Wort daran erinnern, dass Passau einmal die Drehscheibe des Salzhandels nach Böhmen war. Auch war Salz für klassische fotochemische Prozesse unverzichtbar.

Die frühere Lektorin, Journalistin, PR- und Marketing-Beraterin ist viel unterwegs, um neue Künstler aufzuspüren. Sie besucht dafür Festivals und Messen, die sich auf Fotokunst spezialisiert haben, aber auch Fotografen in ihren Studios, immer auf der Suche nach ästhetischen und zugleich fordernden Werken.

Adresse Schustergasse 19, 94032 Passau-Altstadt | **Öffnungszeiten** während der Ausstellungszeiträume Mi – Fr 15 – 19 Uhr, Sa 11 – 15 Uhr, Programm unter www.soiz.de | **Tipp** Eine der schönsten Türen der Stadt befindet sich in der Gablergasse 4. Der Passauer Bildhauer Henle hat das Holzrelief mit dem anklopfenden Jesus 1853 geschaffen.

90__Spectrum Kirche

Viel Raum für Ruhe

So mancher Ort, an dem man zigmal achtlos vorbeigefahren ist, erweist sich bei genauerer Betrachtung als ein besonderes Fundstück. Spectrum Kirche auf dem Mariahilfberg ist so ein Platz. Das 1959 erbaute und in den 1990er Jahren generalsanierte Exerzitien- und Bildungshaus der Diözese Passau ist von außen lediglich ein zweckmäßiger Bau. Doch wer das Gebäude betritt, der spürt, warum es so geplant und ausgeführt wurde: Es steht für Klarheit, Großzügigkeit und Ruhe. Ein perfekter Ort also, um sich zurückzuziehen und innezuhalten. Und das direkt in einem Wohngebiet. Das Haus ist weitläufig und verwinkelt, die Gänge sind breit, die Räume haben alle eigene Namen, dazwischen steht und hängt viel regionale Kunst. Insgesamt bietet Spectrum Kirche Platz für 88 Übernachtungsgäste, 46 Zimmer sind Einzelzimmer. Für Tagungen (es gibt einen dicken Katalog mit Kursen und Seminaren) stehen zehn unterschiedlich große Räume zur Verfügung.

Die eigentliche Überraschung aber ist das viele Grün hinter dem Gebäude: Ein rund 7.000 Quadratmeter umfassender Park mit einem Wald- und einem Wiesenteil sowie ein Innenhof mit einem Teich samt kleiner Seebühne und ein Meditationsgarten (»Kreuzgang der Stille«) machen die Einrichtung zu einer Oase am Rande der Stadt. Die Sitzgelegenheiten sind mit großem Abstand auf dem Areal verteilt. Eine gute Gelegenheit, einmal tief durchzuatmen, nichts tun und nichts reden zu müssen.

Im Spectrum Kirche gibt es auch zwei Kapellen: die größere Heilig-Geist-Kapelle mit Platz für etwa 120 Personen und die kleinere Sinai-Kapelle für 24 Leute (mit farbigen Glasfenstern von Prof. Johannes Schreiter). Und es existiert sogar ein eigener »Freiraum Stille«. Die Kontemplationskurse des Hauses laden unter anderem »Gläubige und Ungläubige, Suchende und Fragende, Zweifelnde oder Menschen, die einfach nur zu sich kommen möchten«, zur Gott- und Selbstfindung ein.

Adresse Schärdinger Straße 6, 94032 Passau-Innstadt | **ÖPNV** Buslinie K 1, Haltestelle Mozartstraße | **Öffnungszeiten** Mo–Fr 9–17 Uhr, Buchungen unter www.spectrumkirche.de | **Tipp** Die etwa 1,5 Kilometer lange Lindenallee entlang der Schärdinger Straße ist ein Naturdenkmal. An der deutsch-österreichischen Grenze liegt das Hotel-Restaurant »Waldschloss«.

91 Die Staatliche Bibliothek

Dem Himmel so nah

Die wunderschöne, mächtige Eingangstür mit den zwei Flügeln ist etwas schwer zu öffnen. Im Vorraum erhascht man schon einen Blick auf den neuen Lesesaal der Staatlichen Bibliothek. Er ist eine Oase der Ruhe mitten in der Altstadt. Ein raffiniert konstruiertes Faltwerk aus Glas und Stahl behütet den mehr als 19 Meter langen und elf Meter breiten früheren Innenhof des Jesuitenkollegs. Durch die Helligkeit entsteht die Anmutung einer Bibliothek unter freiem Himmel. Rund 60 Plätze gibt es, die selten alle besetzt sind. Die Schülerinnen und Schüler der benachbarten Gymnasien nehmen sich ihre – oft online vorbestellten – Bücher meist mit nach Hause, dafür finden Studierende hier aber mehr Ruhe als in der Universitätsbibliothek.

Die Staatliche Bibliothek (kurz »Stabi«) basiert auf der Büchersammlung des 1612 gegründeten Jesuitenkollegs und ist damit eine der ältesten öffentlichen Bibliotheken Deutschlands. Mit der Aufhebung des Jesuitenordens 1773 ging sie in den Besitz des Passauer Hochstifts über, wurde 1803 bayerisch und diente als »Königliche Bibliothek Passau« für das Gymnasium und das Lyceum, die spätere Philosophisch-Theologische Hochschule. Seit 1972 befindet sich die Staatliche Bibliothek in den Räumen des 1630/39 erbauten früheren Jesuitenalumnats. Der Innenhof wurde damals durch eine Überdachung zu einem Lesesaal umgestaltet.

Die Staatliche Bibliothek Passau hat derzeit rund 360.000 Medieneinheiten in ihrem Bestand. Ihre Spezialität ist die bayerische und österreichische Geschichte sowie die niederbayerische Heimatgeschichte und Literatur bis heute. Seit 1987 hat die Bibliothek das Pflichtexemplarrecht für Niederbayern. Der Rokoko-Stucksaal mit seinen alten Büchern gehört zu den Preziosen. Die Formbacher Bibel aus dem Jahre 1421 ist das älteste Werk. Sie wird in einem Tresor aufbewahrt. Wie gut sie erhalten ist, kann man auf der Homepage der Bibliothek sehen.

Adresse Michaeligasse 11 (Haupteingang in Jesuitengasse), 94032 Passau-Altstadt | **Öffnungszeiten** Mo–Fr 7.30–18 Uhr | **Tipp** Das Restaurant »Chandni« in der Michaeligasse 4 ist seit einem Vierteljahrhundert *der* Inder in der Stadt. Mit dem Kauf eines Kochbuchs etwa unterstützt man das gleichnamige Hilfsprojekt für indische Kinder.

92 Die Steffelmühle

Frisches Mehl mitten in der Stadt

Obwohl diese Mühle schon beinahe ewig existiert, ist das frisch gemahlene Mehl, das man hier mitten in der Stadt kaufen kann, immer noch ein Geheimtipp. Doch zuerst muss man sie finden, die Steffelmühle: vorbei an den Möbelgiganten in Richtung Neustift, einmal fast herum um den Kreisverkehr und dann ein ganzes Stück hinunter zum Hammerbach, wo sich seit dem 16. Jahrhundert ein Mühlenrad dreht. Seit dem 17. Jahrhundert wird an diesem Ort Mehl hergestellt. Und früher irgendwann einmal hat man hier auch Rapsöl gestampft.

Die Müller-Tradition der Familie Hindringer, die heute die Mühle betreibt, geht bis in das 18. Jahrhundert zurück. Zum Leben reicht das Müllerdasein zwar schon lange nicht mehr (der Junior hat einen Brotberuf), doch Rudolf Hindringer war, ist und bleibt Müller mit Leidenschaft. Er freut sich, wenn er Besuchern seine Mühle zeigen kann, und empfängt auch gerne Schulklassen. Das mächtige Mühlrad mit einem Durchmesser von gut 6,50 Metern hat der Müller selbst gebaut. Drinnen zeigt er die drei Sorten Getreide, die er mahlt: Dinkel, Roggen und Weizen. Er bezieht sie von Bauern aus der Region. Die Getreidekörner werden in großen Mahlmaschinen zu Schrot verarbeitet und im oberen Stockwerk ganz fein gesiebt. Das Abfallprodukt Kleie wird an Tiere verfüttert. Die Hindringers selbst halten in ihrem eigenen landwirtschaftlichen Familienbetrieb Galloway-Rinder, die am besten für die Hanglage des Grundstücks geeignet sind.

Seine Produkte will der Müller nicht selbst loben, lieber lässt er seine Kunden für sie sprechen: Das Steffelmühlen-Mehl bezeichnet eine Einkäuferin als besonders flauschig und rein, eine andere sagt, alles, was sie damit bäckt, vertrage sie wunderbar, viele andere Backwaren bereiteten ihr Bauchschmerzen. Das naturreine Mehl verkauft Hindringer an Bäcker aus der Region und eben an Privatkunden, die es sich vor Ort abholen – in einem ganz normalen Sack ohne großen Design-Anspruch.

Adresse Steffelmühlweg 7, 94036 Passau-Haidenhof | ÖPNV Buslinie 7 oder 10, Haltestelle Holzmannstraße, der Steffelmühlweg beginnt beim Kreisverkehr | Öffnungszeiten Mo–Fr 8–10 und 15–17 Uhr | Tipp Jeden Samstagvormittag findet an der Steinbachstraße in Passau-Neustift ein Bauernmarkt statt. Das Angebot reicht von Ziegenjoghurt über Dinkel-Apfelkuchen und geräucherten Fisch bis hin zu Holunderblüten-Sirup.

93 Die Sternwarte

Vom Oberhaus in den Himmel

Viele Einheimische sind fest davon überzeugt, dass sich die Sternwarte in dem großen Turm am höchsten Punkt der Burg befindet. Doch weit gefehlt. Dort blickt man nicht hinauf in den Himmel, sondern hinunter auf die Stadt und ihr Umland. Die eigentliche Sternwarte beeindruckt von außen weit weniger. 1962 als Volkssternwarte ins Leben gerufen, befindet sie sich am Neuen Wall, den man inzwischen auch per Aufzug erreichen kann. Das moderne Gebäude mit dem 40 Quadratmeter großen, fahrbaren Dach überrascht viel mehr mit seinem Innenleben: An den Wänden erklären Schautafeln, was man am Himmel sehen kann. In der Mitte stehen zwei Teleskopgruppen, eine für die Objekte unseres Sonnensystems, die andere dient der Beobachtung der lichtschwachen Objekte wie beispielsweise Galaxien. Die Sternwarte geht auf eine Initiative des Deutschen Jugendherbergsverbandes zurück und wird von Hobby-Astronomen betreut.

Meist am Mittwochabend wird das Dach geöffnet, und die Teleskope richten sich in den Nachthimmel: das apochromatische Linsenteleskop mit 18 Zentimeter (sieben Zoll) Objektivöffnung vor allem für hochaufgelöste Beobachtungen von Sonne, Mond und Planeten sowie ein computergesteuertes Spiegelteleskop mit einer Brennweite von gut vier Metern. Dabei handelt es sich um eines der größten zugänglichen Instrumente dieser Art in Bayern. Es ist mit einer hochpräzisen Montierung ausgestattet, die in Sekundenschnelle Himmelsobjekte bis hin zur Internationalen Raumstation ISS vollautomatisch positionieren kann. Und wenn einmal weniger Leute da sein sollten, können Besucher eindrucksvolle Mondbilder auf ihrem Smartphone mit nach Hause nehmen, das man in das Teleskop integrieren kann. Weil es in den Sommermonaten sehr spät dunkel wird, richten die Sternwartler ihr Linsenteleskop auch gerne einmal auf die Sonne. Mit Spezial-Filtern kann man gefahrlos dunkle Flecken oder Eruptionen erkennen.

Adresse Oberhaus 125, 94034 Passau-Altstadt | **Anfahrt** A 3, Ausfahrt Passau-Nord, links über die Gaißa, am Straßenende rechts und bis zum Ende folgen, dort ist der Parkplatz des Oberhauses | **Öffnungszeiten** Führungen nur bei klarem Himmel, Termine auf der Homepage unter www.sternwarte-passau.de einsehbar | **Tipp** Vor allem von der Terrasse des Lokals »Das Oberhaus« hat man einen tollen Blick auf die Donauseite der Stadt.

94 Die Trenbach-Kapelle

Ein Fürstbischof und sein Hofnarr

Im Dom-Innenhof mag es ältere und kunsthistorisch bedeutendere Kapellen geben als diese, doch die Trenbach-Kapelle ist in mehrfacher Hinsicht interessant. An Sonn- und Feiertagen, wenn im Stephansdom die Messe gelesen wird, ist sie in der Regel für Besucher geschlossen. Ein freundlicher Domaufseher sperrt sie nach dem Gottesdienst aber gerne auf. Man stellt verwundert fest, dass ein paar Meter weiter – in der Lamberg-Kapelle – gerade ein bulgarisch-orthodoxer Gottesdienst gefeiert wird.

In der Mitte der Kapelle steht das Scheingrab (Kenotaph) des 1598 verstorbenen Fürstbischofs Urban von Trenbach, der rechts daneben im Fußboden bestattet wurde. Urban von Trenbach war der 60. Bischof von Passau. In den 37 Jahren seiner Regentschaft brachte er die Gegenreformation im Bistum weitgehend zum Abschluss. Er gründete 1564 das Franziskanerkloster Passau und verpflichtete die Franziskaner zur Einrichtung eines philosophischen und theologischen Studiums. Das St. Anna geweihte Kloster wurde 1803 im Zuge der Säkularisation aufgelöst. Urban hatte sich seine eigene Begräbnis-Kapelle bereits zu Lebzeiten erbaut. An der Nordwand befindet sich eine große, in Steinplatten gemeißelte Ahnengalerie des Fürsten. Der Stammbaum reicht bis in das 12. Jahrhundert zurück. Damit wollte der Bischof dokumentieren, dass er aus einem alten Adelsgeschlecht stammt.

In der Kapelle im ehemaligen Dom-Kreuzgang befindet sich auch der Grabstein des Passauer Hofnarren Hans Gerl, der 1480 in Sünching bei Regensburg geboren wurde und 1565 in Passau starb. Wie aus der Reim-Inschrift, die er selbst verfasst hat, hervorgeht, diente er zwei Edlen und vier Bischöfen (darunter auch Urban von Trenbach) und sorgte für Spaß am fürstlichen Hof. Auf dem Grabstein trägt der kleine Gerl mit dem zerfurchten Gesicht aber keine Narrenkleidung, sondern ein edles Gewand mit einem knielangen Überrock.

Adresse Domplatz, 94032 Passau-Altstadt | Öffnungszeiten wie der Dom | Tipp Mit 17.974 Pfeifen und 233 Registern gilt die Orgel im Stephansdom als größte katholische Kirchenorgel der Welt. Die Gesamtanlage der fünf Orgelwerke, die von einem Hauptspieltisch aus gemeinsam gespielt werden können, gilt als technisches Wunderwerk. Das werktägliche Orgelkonzert sollte man sich nicht entgehen lassen.

95 Der Trixi Schober Shop

Stoffe als roter Faden

Es gab Zeiten, da standen die Autos Stoßstange an Stoßstange rund um die Bekleidungsfabrik Alois Schober – zweimal im Jahr beim großen Stoffresteverkauf in Neukirchen am Inn. Hobby-Näherinnen aus nah und fern wussten, dass es hier die besten Qualitäten weit und breit gibt. Das Familienunternehmen (heute »Trixi Schober«) ist inzwischen vom Landkreis in die Stadt umgezogen und wird von Caroline Schober geführt. Auch fast 70 Jahre nach der Firmengründung spielen Stoffe immer noch eine große Rolle. Die erfahrene Designerin arbeitet eng mit italienischen Top-Webereien zusammen, und die Stoffe für ihre Modelle werden meist eigens für das Label angefertigt. Die Niederbayerin lässt diese passend zu ihren saisonalen Farb- und Stoffkonzepten entwickeln. Sie kombiniert verschiedene Stoffqualitäten und legt großen Wert darauf, dass sich ein Stoff angenehm trägt, nicht knittert und beim Pflegen beziehungsweise Waschen nicht »ausblutet«.

Und weil die Kunden ihre Stoffe lieben und Nähen im Zuge der Do-it-yourself-Welle wieder ganz modern ist, hat Caroline Schober den Stoffverkauf neben dem »Fashion Shop« fest institutionalisiert. In der Gutenbergstraße kann man die Ware anfassen, den Unterschied zu anderen Qualitäten spüren und wird von Expertinnen beraten. Wenn die Chefin Zeit hat, kann man sich bei ihr durchaus einmal einen Tipp holen.

Seit drei Generationen steht das Unternehmen für Damen-Oberbekleidung in exklusiver Qualität. Anfangs drehte sich alles um das Thema Loden, später unter der Regie von Helmut und Trixi Schober um feminine Business-Outfits mit höchsten Ansprüchen an Qualität und Verarbeitung. Sogar Prinzessin Diana zählte zu den Kundinnen. Tochter Caroline setzt nun mit einem Größen-Angebot von 32 bis 50 konsequent auf Demokratie in der Mode. Produziert wird im eigenen Atelier und ausschließlich in Europa, auch nach individuellen Wünschen.

Adresse Gutenbergstraße 1, 94036 Passau-Sperrwies | **Anfahrt** A 3, Ausfahrt Passau-Mitte, Richtung Fürstenzell, bei der 1. Gelegenheit rechts abbiegen und bis Gutenbergstraße folgen | **Öffnungszeiten** Mo–Fr 9–12 und 13–17 Uhr, Sa 10–13 Uhr | **Tipp** Auch die Männer kommen in dieser Gegend auf ihre Kosten. Der Fabrikverkauf des Hemdenherstellers Eterna befindet sich gleich um die Ecke.

96 Die Umami Bar

Die fünfte Geschmacksrichtung

Umami? Was soll das denn bitte bedeuten? Simon Hannig hat dieses Wort für seine asiatisch inspirierte Fusionsküche bewusst gewählt, weil es die Richtung seiner kulinarischen Arbeit vorgibt: »Süß, salzig, sauer und bitter kennt jeder. Aber es gibt noch eine fünfte Geschmacksrichtung: Umami. Aus dem Japanischen übersetzt bedeutet es »wohlschmeckend«, sagt er. Ein wichtiger Faktor bei der Entstehung von Umami ist immer die Zeit: Bei einer Brühe beispielsweise, wenn das Fleisch möglichst lange darin zieht. Dann zerfallen die Proteine in den Nahrungsmitteln; natürliche Glutamate werden freigesetzt, machen den Geschmack würziger und voller. Wie kann man die Küche in der klitzekleinen Bar, die auch vom Äußeren asiatischen Vorbildern ähnelt, charakterisieren? Sie ist saisonal, kräuterverliebt (im positiven Sinne) und durchaus auch regional.

Auf der Karte, die in Form von einzelnen Blättern an einer Wand baumelt, stehen unter anderem selbstgemachte japanische Ramen (die traditionell aus Weizenmehl hergestellten Nudeln werden hier mit Roggenmehl verfeinert und in einer mindestens zwölf Stunden gekochten Fleisch- oder Gemüsebrühe serviert), Sesam-Bärlauch-Nudeln oder auch indische Currys. Simon Hannig produziert im Übrigen auch eigene Fermente wie Kimchi, Kombucha oder auch Miso. Keramikermeister Thomas Auer fertigt in seiner Werkstatt die passenden Bowls und Tassen für die Umami Bar.

Simon Hannig lebte seine große Liebe zu gutem Essen zunächst in kleinem Stil und quasi ambulant aus: In einem mobilen Wagen verkaufte er am Wochenmarkt seine kreativen Küchen-Kreationen, bevor er sich in der Altstadt stationär mit dem kleinen Lokal Scirocco »einmietete«. Inzwischen besteht die Esskultur-Gruppe des gebürtigen Hauzenbergers und seiner Frau Aleksandra Hannig-Gosic aus der Umami Bar, einem Fermentationslabor samt Kochschule und einem Catering Service.

Adresse Grabengasse 13, 94032 Passau-Altstadt | Öffnungszeiten Mo–Sa 11.30–20.30 Uhr (warme Küche bis 20 Uhr) | Tipp »Tante Emmer unverpackt & bio« in der Grabengasse 23 greift zwei Trends auf: die Vermeidung von Verpackungsmüll und Regionalität.

97 Die Villa Bergeat

Moneten, Magnolien und Macchiato

Schräg gegenüber der nüchternen Moderne der Neuen Mitte würde man ein solches Prachtstück kaum vermuten. Die Villa Bergeat befindet sich hinter einer Mauer und einem Innenhof (Gastgarten) direkt am Kreisverkehr bei der Dr.-Hans-Kapfinger-Straße. Das hochherrschaftliche Haus wurde 1875 im Auftrag von Christoph Bergeat im Stil der italienischen Renaissance errichtet und 1890 von dessen Sohn Eugen Ludwig Christoph zur Villa ausgebaut. Der Vater war Müller, Professor, Rektor und Lehrer für Modellieren und entdeckte, wie man Glanzgold für die Porzellanmalerei herstellt. Das machte ihn reich.

Die Villa Bergeat wurde schon früh als Wirtshaus genutzt. Von 1898 (bis mindestens 1912) soll in einem »Gasthof Königsbauer« aufgekocht und ausgeschenkt worden sein. Ab 1915 residierte in der Villa eine noble Filiale der Reichsbank (die später in die Landeszentralbank überging). Im Tresorraum lagerten damals mehrere hundert Millionen Mark. 1984 ging die Villa in Privatbesitz über, und die Räumlichkeiten wurden unter anderem von der Verwaltung der Universität Passau und der Festspielleitung der Europäischen Wochen gemietet.

Mit dem Café Aran im Erdgeschoß hat sich 2008 der Kreis der gastronomischen Nutzung wieder geschlossen. Inzwischen wird es als Café Amsl von der gleichnamigen Chefin nicht mehr als Teil einer Franchise-Kette, sondern in Eigenregie betrieben. Ein besonderer Ort ist der etwas abgeschiedenere Hinterhof samt Brunnen, Tischen und Sitzgelegenheiten. Das Frühstück, Getränke, hausgemachtes Eis und Kuchen oder raffiniert belegte Brote holt man sich an einer großen Theke selbst. Nicht nur dann, wenn der riesige Magnolienbaum blüht, ist der Gastgarten eine Attraktion. Direkt vor der Villa steht ein als Naturdenkmal ausgewiesener vierstämmiger Gingkobaum. Die Büro- und Geschäftsräume in den oberen Stockwerken dürften zu den schönsten gehören, die man in Passau mieten kann.

Adresse Dr.-Hans-Kapfinger-Straße 22, 94032 Passau | Öffnungszeiten Mo–Sa 8.30–18.30 Uhr, So 10–18 Uhr | Tipp In der Wissenswerkstatt (Anmeldung unter www.wiwe-pa.de) können Kinder und Jugendliche die Welt der Technik und Naturwissenschaften entdecken. Im ehemaligen Postgebäude in der Bahnhofstraße stehen eine Werkstatt mit Metall- und Holzbearbeitungsmaschinen, EDV sowie Labore für Physik, Elektro- und Steuerungstechnik zur Verfügung.

98__Das Volkstheater Passau

Komödien in einer ehemaligen Klosterkirche

Hoch oben in der Ilzstadt schaut ein ehemaliges Kloster auf den Zusammenfluss von Donau, Inn und Ilz hinab. Wer hier wohnt, hat wohl den spektakulärsten Ausblick auf die »schwimmende Stadt«. Christian Repa und seine Frau Brigitte haben das Areal rund um das frühere Priesterkolleg der Salvatorianer gekauft. Sie leben auf dem schönsten Balkon Passaus. Und der Medienunternehmer freut sich jeden Tag über die Szenerie, die selbst bei dichtestem Nebel ihren ganz besonderen Reiz hat.

Mit einem Nonnengut hatte alles angefangen. Äbtissin Mafia Kunigunda von Kloster Niedernburg unten in der Altstadt schuf nach dem Stadtbrand von 1662 eine Zufluchtsstätte vor künftigen Feuersbrünsten. In der Folgezeit wechselte das Gut häufig die Besitzer. 1925 erwarb die Ordensgemeinschaft der Salvatorianer das Gut, um ihren Nachwuchs an der Passauer Theologischen Hochschule studieren zu lassen. 2005 übergab sie ihr Reich inklusive Obstbetrieb an Repa – im Vertrauen, dass er respektvoll damit umgeht.

Der neue Besitzer hat das Klostergut inmitten von ausladenden Plantagen mit viel Liebe zur Historie saniert und als Ganzes erhalten. Im ehemaligen Kolleg hat er die Wände zwischen den Zellen entfernt und 13 luxuriöse Wohnungen mit bis zu 270 Quadratmetern geschaffen, die ihresgleichen suchen. Refektorium und Küche blieben erhalten ebenso wie die Bibliothek, die von den Mietern genutzt wird. Die profanierte Kirche ist Schauplatz für das Volkstheater Passau. Brigitte Repa steht als Mitglied des Laientheaters regelmäßig selbst auf der Bühne. Teile der stufenartig aufgebauten Tribüne unter der Orgel stammen aus dem Bestand der legendären Nibelungenhalle.

Wer an einem Wochenende auf den Klosterberg kommt, um sich bei einer Boulevardkomödie zu amüsieren, kann die phantastische Perspektive einmal selbst erleben – mit einem Drink auf einer Terrasse, die sonst nur für Mieter zugänglich ist.

Adresse Klosterberg, 94034 Passau-Grubweg | Anfahrt A 3, Ausfahrt Passau-Nord, der Donau folgen, am Ende der B 12 rechts abbiegen, weiter seitlich der Donau fahren, links auf den Klosterberg abbiegen, anschließend die 1. Straße links | Öffnungszeiten Programm unter www.volkstheater-passau.de, Kartenreservierungen unter Tel. 0171/1062215 oder Abendkasse ab 18 Uhr | Tipp Auf dem acht Hektar großen Areal wird Obst angebaut, allein 26 verschiedene Sorten von Äpfeln. Man kann sie in Supermärkten der Region oder ab Hof kaufen.

99 Die Wallfahrtsstiege Mariahilf

321 Stufen lang Zeit für Bitten und Gebete

Für so manchen Passauer ist Mariahilf ein ganz besonderer Ort. Und das nicht nur wegen des phantastischen Ausblicks vom Aussichtspunkt auf die italienische Seite der Stadt sowie den Zusammenfluss von Donau, Inn und Ilz. Für viele (mehr oder weniger) Gläubige ist die Wallfahrtskirche fast so etwas wie ein magischer Platz. Ob eine wichtige Prüfung, eine schwierige Liebe oder schlimme Krankheiten – ganze Generationen kamen und kommen hierher, um vor dem goldenen Hochaltar und dem Gnadenbild der »Muttergottes mit Kind« (der Kopie eines Werkes von Lucas Cranach d. Älteren) für ihre Anliegen, Wünsche und Träume zu bitten und Kerzlein anzuzünden. Und es gibt nicht wenige, die schon einmal gelobt haben, die überdachte Wallfahrtsstiege hinaufzubeten, in der Hoffnung, dass dann dieses oder jenes (nicht) passieren wird …

321 Stufen sind es bis nach oben, vom Kapuzinerplatz in der Innstadt bis zur Klosterkirche. Die erste Stiege – umgangssprachlich auch Himmelsleiter genannt – wurde gleichzeitig mit der Kirche 1628 fertiggestellt. Von 1862 bis 1864 wurde die Treppe instandgesetzt. In guten wie in schlechten Zeiten pilgerten die Wallfahrer zur Passauer Muttergottes. Unzählige Votivgaben und -tafeln, gemalte oder gestickte Marienbilder, Rosenkränze und aus Wachs oder Blechfolie nachgebildete Gliedmaßen künden von erfolgten Heilungen und dem Dank der Gläubigen. Da heißt es: »Dank für erlangte Hilfe in drohender Feuersgefahr«, »Gott sei Dank für glückliche Heimkehr in das Kloster aus dem Krieg von 1939–1945«, »Durch Vorbitt der Muttergottes ist uns von unserer 3maligen Krankheit geholfen worden«. Die Sorgen und Nöte der Bittsteller sind häufig bildlich dargestellt. Moderne Pilger können ihre Anliegen in der Kirche in ein Votivbuch schreiben oder als »Brief an Maria« in einen Briefkasten stecken. Ihre Bitten werden jeweils in der Mittwochabendandacht vorgetragen.

Adresse Kapuzinerplatz, 94032 Passau-Innstadt | **ÖPNV** Buslinie 3/4, Haltestelle Jahnstraße, dem Neutorgraben bis zum Kapuzinerplatz folgen | **Öffnungszeiten** täglich 7–21 Uhr | **Tipp** Sehenswert ist in der Kirche die Kaiserampel: ein prachtvoller Leuchter, den Kaiser Leopold dem Kloster nach seiner Hochzeit schenkte.

100 Das Wohn-Atelier Fürst

Spielen mit Form und Farbe

Dass hier ein Künstler lebt, das ist nicht zu übersehen. Wer Sebastian Fürst besucht, steht unmittelbar in seinem persönlichen Kunst-Reich: Wohin man schaut, ist es bunt, anders, der Boden farbiggesprenkelt, Dosen, Tuben, Pinsel, riesengroße Leinwände beziehungsweise Bilder stehen Rücken an Rücken oder hängen an der Wand; dazwischen bemalte Stühle (auf der Homepage findet man sie unter der Rubrik »Kunst fürn A….«), ein Tisch, ein paar Bücherregale, eine Couch und weiter hinten ein Raum mit einem Bett. Im Hintergrund läuft Musik – zur Inspiration. Dieser ungewöhnlich ausgestattete Ort am Residenzplatz gleich gegenüber dem Wittelsbacher Brunnen ist Wohnung, Arbeitsplatz und Atelier in einem. Doch die Kunst ist so dominant, dass erst auf den zweiten Blick auffällt, dass es irgendwo mittendrin auch eine Küche gibt.

Der Passauer malt und zeichnet schon seit seiner Kindheit, hat aber beruflich ein paar Umwege gemacht, bevor er sich der Kunst verschrieben hat. Fürst machte zunächst eine Ausbildung zum Zentralheizungs- und Lüftungsbauer, bevor er sich weiterqualifizierte und Lehramt für Hauptschulen studierte – unter anderem in der Fachrichtung Kunsterziehung. Diesen Beruf übt er heute als flexibler Kunstlehrer aus. Doch seine Leidenschaft ist das Malen auf großen Flächen, auf denen er sich mit verschiedenen Materialien und Techniken austoben kann. Schuf er in der Anfangszeit noch eher abstrakte Landschaften, ist der Niederbayer inzwischen wilder, impulsiver, expressiver, mutiger unterwegs: So entstehen etwa Stillleben im Pop-Art-Style und coole Hinterglasbilder.

Fürst trägt dabei verschiedene Schichten von Farbe übereinander auf, integriert schon einmal zerschnittene Fotos in seine Arbeiten, sprüht, spielt mit Formen und Farben. Wer sich seine Werke anschauen möchte, sollte ihn unbedingt vorher, am liebsten per E-Mail, kontakticren.

Adresse Residenzplatz 10, 94032 Passau-Altstadt | Öffnungszeiten nach Vereinbarung unter fuerst@gmx.net oder Tel. 0151/57325784 möglich | Tipp Das Wirtshaus Kreuzweis in der Pfaffengasse ist in mehrfacher Hinsicht schräg – und bekannt für seine formidablen Schnitzel.

101 Die Wunderkammer

Ein Laboratorium für Wissen

Mit einem Krokodil fing quasi alles an. Es gehörte zum Sammlungsbestand der Staatlichen Bibliothek und war früher meist Teil einer sogenannten Wunderkammer, wie sie die Jesuiten unterhielten. Dr. Markus Wennerhold, den Leiter der »Stabi«, brachte es auf die Idee, in den historischen Räumlichkeiten ein solches Raritätenkabinett einzurichten.

Wunderkammern haben ihre Wurzeln in der Renaissance. Man sammelte Zeugnisse fremder Kulturen und auch sonst alles, was man an Kuriosem und Wunderbarem fand, um es zu erforschen. Möglicherweise gab es auch in dem 1612 gegründeten Jesuitenkolleg, dem heutigen Gymnasium Leopoldinum, eine solche Kammer, ein Wissenslaboratorium, in dem man sich mit Besuchern über die dargebotenen Dinge austauschte.

Zu den rund 300 Exponaten gehören eine japanische Riesenkrabbe mit einer Spannweite von 3,20 Metern, eine 40 Kilo schwere Mördermuschel aus Kenia, ein versteinerter Mammutzahn, ein Schrank mit Geheimfächern, ein Rauchquarz mit Wassereinschluss, ein Säbel des ersten chinesischen Präsidenten, eine Porzellan-Nackenstütze in Form eines kauernden Jungen für schwangere Chinesinnen, die auf einen Sohn hofften, das Skelett einer Schlange mit Knochenkrebs und eine konservierte 24-Stunden-Ameise. Warum die so heißt, kann man hier erfahren.

Die Ausstellungsstücke sind unter anderem Leihgaben aus dem Bayerischen Nationalmuseum und dem Museum Fünf Kontinente in München: darunter ein prächtiger Erd- und Himmelsglobus oder historische Objekte aus China und Japan, den wichtigsten Regionen der Jesuitenmission. Viele Exponate – wie beschlagnahmte Tierpräparate – sind aber das »Ergebnis« eines guten Drahts zu einigen Hauptzollämtern. Für Kinder, die die Wunderkammer auf besondere Art erkunden wollen, gibt es Zettelchen mit nicht ganz einfachen Aufgaben. Ein Highlight für die jungen Besucher ist auch ein »Einhorn«: der imposante Stoßzahn eines Narwals.

Adresse Michaeligasse 11 (Haupteingang in Jesuitengasse), 94032 Passau-Altstadt | **Öffnungszeiten** Führungen nach Vereinbarung unter Tel. 0851/7564400 möglich | **Tipp** Die Kirche St. Michael, auch Studienkirche oder Jesuitenkirche genannt, glänzt mit üppigen Stuckaturen von Giovanni Battista Carlone.

102 Der Kunstweg Ruderting

Das Eisherz im Regenbogenland

Als einzige Gemeinde im Landkreis Passau darf sich Ruderting als »Genussort« bezeichnen. In einem Wettbewerb der Bayerischen Staatsregierung gehörte der Ort zu den Gewinnern. Da geht es zwar eher um gutes Essen als um Kultur, doch auch hier haben die Rudertinger etwas Besonderes zu bieten. Plätze zum Träumen wollten die Initiatoren schaffen in einem großen Begegnungs- und Rückzugsraum, ein Stück (mehr) Lebensqualität in einer ohnehin von der Natur schon begünstigten Gegend. Mit diesem Anspruch ist ein besonderer Ort entstanden: der Kunstweg Ruderting zwischen dem Landschaftsweiher und der Kirche. Sechs von Künstlern aus der Region gestaltete »Nachdenk-Stationen« laden zum Pausemachen, Durchschnaufen, Einfach-nur-mal-Sitzen-und-Schauen, aber auch zum Nachdenken ein. Und wer mag, der geht weiter zum Bayerischen Goldsteig-Fernwanderweg, der von Marktredwitz bis Passau führt. Von Ruderting in die Dreiflüssestadt sind es etwa 14 Kilometer.

Auf dem fünf Kilometer langen Kunstweg thematisiert Christian Zeitler mit seiner Granitskulptur »Joseph's Bedenken« die Vaterrolle. Auf der Oberfläche des Weihers schwimmt ein »Eisherz« aus Epoxidharz von Elke Rott. Am Rande des Kneippbeckens sitzt eine Glasfigur, ein stilisierter Tierkopf, aus dessen offenem Maul ein Metallrohr Wasser speit. Barbara Zehner nennt das Werk »Freude«. Besonders berührt eine Menschengruppe aus Eiche auf der Wiese vor der Waldkulisse. Sieben Personen stehen nebeneinander: Frauen, Männer, Kinder – und schauen einen an. Werner F. Richter hat sie geschaffen und sich dazu Gedanken gemacht: Gemeinsamkeit bedeutet für ihn ein harmonisches Zusammensein, das Schutz bietet. Der Naturspielplatz mit dem Namen »Regenbogenland« ist zwar ein Platz zum Toben, gleichzeitig stellen all die Objekte aber auch ein Kunstwerk von Örni Poschmann dar. Und bei Alfred Seidel schlagen »Menschen Bögen« aus Granit und Bronze.

Adresse 94161 Ruderting | **Anfahrt** A 3, Ausfahrt Aicha vorm Wald, Richtung Neukirchen vorm Wald, dort rechts in Passauer Straße einbiegen und Beschilderung bis Ruderting folgen, der Start ist am Maibaumplatz gegenüber vom Rathaus | **Tipp** Wer möchte, der kann unterwegs im »Schätzlhof« einkehren. Dort gibt es auch eine hauseigene Schnapsbrennerei, die man besichtigen kann.

103 Das Kloster Hamberg

Leben wie Studenten in Passau

Inmitten von ganz viel Baumgrün leuchtet es weithin in einem herrlich fröhlichen Orange, und das nicht nur bei Sonnenschein – das ehemalige Kloster Hamberg auf der österreichischen Seite jenseits des Inn. Auf dem gleichnamigen Berg, nur wenige Meter von Bayern entfernt, wohnen heute Studenten an einem hochattraktiven Ort. Und das liegt nicht nur an der Geschichte des Hauses. Gleich hinter dem stattlichen Gebäude und seinen Nebentrakten findet man Felder und nichts als Natur. Der Blick nach unten und auf die gegenüberliegende Seite von Passau sucht seinesgleichen. Der einzige Nachteil: Wer zur Uni oder in die Stadt will, der muss sich erst einmal den steilen Berg hinunter- und später wieder hinaufbewegen.

Das Anwesen war nicht lange ein Kloster. 1900 wurde es von den Salvatorianern gegründet. Diese kauften zunächst ein Bauernhaus und bauten dann das Ordenshaus samt Kirche. Anfangs waren hier die Novizen untergebracht, die in Passau an der Philosophisch-Theologischen Hochschule studierten. Das Kloster wurde in dieser Gegend gegründet, da ein Gesetz bestimmte, dass sich Jesuiten und jesuitenähnliche Orden in Deutschland nicht niederlassen durften. Doch bereits 1917 wurde dieses Gesetz aufgehoben, und die Salvatorianer erwarben 1925 in Passau ein Kloster der Benediktinerinnen, in dem die Theologiestudenten ab 1931 untergebracht waren. Hamberg verlor in der Folgezeit an Bedeutung und wurde für die Fortbildung von Laienbrüdern genutzt. Während des Zweiten Weltkriegs diente das Kloster als Reservelazarett.

Seit den 1980er Jahren ist das Gebäude ein beliebtes Studentenwohnheim. Um mehr Platz zu schaffen, wurde ein Flügel angebaut. Zu der großzügigen, geschichtsträchtigen Wohnanlage gehören auch eine Sauna, eine Sonnenterrasse, ein Fitnessraum und viele kostenfreie Parkplätze direkt vor der Haustür. Student in Passau müsste man sein!

Adresse Ingling 58, 4784 Schardenberg, Österreich | **Anfahrt** A 3, Ausfahrt Passau-Nord, Richtung Passau Zentrum, Innenstadt verlassen und über Marienbrücke in die Innstadt, in Jahnstraße rechts einbiegen, das Tor passieren, nach dem Friedhof rechts, Straße nach Ingling folgen | **Öffnungszeiten** nicht öffentlich zugänglich | **Tipp** Die Kaiserin-Elisabeth-Brücke ist eine 110 Meter lange Eisenbahnbrücke über den Inn. Sie wurde 1869 im Zuge der Errichtung der Bahnstrecke Wels – Passau gebaut, wurde 1945 gesprengt und zum Teil wiederaufgebaut.

104__Das Brauschiff

Dieses Bier ist ein Knaller

Rund um Passau gibt es jede Menge Gelegenheiten für eine Tour auf dem reichlich vorhandenen Wasser: Dreiflüsserundfahrten, Schiffstouren auf der Donau, Paddeln auf der Ilz. Das außergewöhnlichste Angebot dürfte jedoch eine Fahrt mit dem ersten europäischen Brauereischiff auf dem Inn darstellen. Kapitän Manfred Schaurecker verband seine Leidenschaft für Bier mit der Schifffahrt. Auf seinem »Brauschiff« wird das Kanonenbräu-Bier gebraut. Der Knaller ist seine einschlägige Erfindung: Wenn man den Bügelverschluss des Weizenbiers öffnet, ertönt ein lautes »Plopp«, und es kommt ein wenig »Pulverdampf« aus der Flasche. Handgebraut werden außer dem Ur-Hefe-Weißbier noch ein Kellerbier und ein Wildsaubier.

Von der oberösterreichischen Barockstadt Schärding aus – einst gab es hier 14 Brauereien – geht die Fahrt nach Passau; genauer gesagt: bis kurz vor Passau, denn vor dem Kraftwerk Ingling wird gewendet, und es geht zurück nach Schärding. Im Fahrgastraum fällt der Blick auf viele Dinge rund um das Bier, die Schaureckers Mitarbeiterin Helga Stiegler für das Dekor zusammengetragen hat. Für das Schiff wurde eine Haus-Brauanlage entwickelt, wie sie um das Jahr 1400/1500 in Schärdinger Gasthäusern zum Einsatz kam. Am Heck des Schiffes befindet sich eine moderne Brauanlage aus Edelstahl mit einer Kapazität von 800 Flaschen Bier am Tag. Der Name Kanonenbräu erinnert an das frühere Gasthaus »Zur Kanone« in der Wieningerstraße, das bis 1942 existierte. Wer möchte, kann mit dem Meister als Braugehilfe aktiv Bier brauen.

Auf dem Weg von Schärding in Richtung Passau passiert das Schiff vier Burgen und Schlösser: die Schlösser Neuhaus und Vornbach sowie die Burgen Neuburg und Wernstein. Im früher von den Salzschiffern nicht zuletzt auch wegen seiner Stromschnellen sehr gefürchteten Inndurchbruch schrumpft der vorher fast 400 Meter breite Fluss auf 60 Meter.

Adresse Leonhard-Kaiser-Weg 1, 4780 Schärding, Österreich | **Anfahrt** A3, Ausfahrt Neuhaus am Inn, Richtung Schärding, Inn überqueren, rechts abbiegen, um auf Passauer Straße zu gelangen, vor dem Tor rechts | **Fahrtzeiten** April–Okt. Di–Fr 14–16 Uhr, Sa, So 11–16 Uhr | **Tipp** Die Konditorei Eibensteiner Café am Unteren Stadtplatz verführt mit österreichischen Mehlspeisen und besonderen Tortenstückchen. Darüber hinaus gibt es deliziöse gefüllte Fruchtlebkuchen.

105 Die Grafmühle

So natürlich, wie es geht

In einer Talsenke schmiegt sie sich unterhalb des Reiterhofs Satzbach in die Landschaft. Die Grafmühle zählt zu den ältesten Mühlen- und Bäckereibetrieben in Deutschland. 1190 zum ersten Mal urkundlich erwähnt, ist sie seit 1713 im Besitz der Familie Bauer, inzwischen in der neunten Generation. Eine solche Historie und der Blick auf den Stammbaum, der als Bild in der Stube hängt, kann eine Bürde bedeuten. Doch nach anfänglichem Zögern hat Josef Bauer jun., der Älteste von sechs Kindern, die Herausforderung angenommen. Mit seiner Frau Michaela hat er 2012 nach dem Motto »Bio vom Korn bis zum Laib« den gesamten Betrieb konsequent umgestellt. Die Grafmühle am Hörreuter Bach wurde zur »Ersten Biomühle im Landkreis Passau«.

Bio-Bäcker Bauer ist ein Tüftler und immer auf der Suche nach dem besten Teig, dem besten Brot. Ob das Holzofenbrot aus reinem Natursauerteig, das Josefbrot, die Müslisemmel oder der Hefezopf – es geht ihm darum, die Produkte immer weiter zu perfektionieren oder neue Kombinationen zu kreieren. Das frische Mehl dafür stammt aus der eigenen Mühle. Früher war der Mühlenbetrieb ein extrem karges und schweres Geschäft. Viele von Bauers Vorfahren mussten mit einem zweiten Standbein für ein Zubrot sorgen. Das war schon mal ein Ölschlag, an dem Leinöl hergestellt wurde, oder auch eine kleine Molkerei.

Heute ist die Mühle ein handwerklicher Vorzeigebetrieb. Die Koordinaten lauten »So natürlich, wie es geht, so wenig Zusätze wie möglich, aus der Region für die Region«. Das bedeutet ganz konkret: Bio-Getreide, Natursauerteig, nach der Grander-Methode belebtes Wasser aus der eigenen Quelle, Salz und Gewürze, nicht mehr. Die naturbelassenen Brote werden in einem Holzofen aus dem Jahr 1926 gebacken. Verkauft werden die Produkte im eigenen Hofladen, auf Wochenmärkten und in ausgewählten Ladengeschäften. Tradition verpflichtet halt doch.

Adresse Grafmühle 1, 94136 Thyrnau | Anfahrt A 3, Ausfahrt Passau-Nord, der Donau folgen, am Ende der B 12 rechts abbiegen, weiterhin seitlich der Donau fahren, links Richtung Thyrnau, bei der 1. Gelegenheit erst rechts, dann links einbiegen und bis zum Ende folgen | Öffnungszeiten Di–Fr 6–12 Uhr, Sa 6–13 Uhr | Tipp Für Abkühlung in den heißen Sommermonaten sorgt ein idyllisch gelegener Natur-Badeweiher am Sportgelände bei Raßbach an der Staatsstraße 2319.

106 Das Gut Aichet

Wie man ein Hof-Erbe modernisiert

Mehr Idylle geht nicht. Inmitten von Wiesen und Wäldern auf einer Anhöhe oberhalb der Donau liegt das Gut Aichet. Seit über 500 Jahren ist der Hof mit 90 Hektar Grund im Besitz der Familie Anetseder, die bis 1654 Aychelpaurn hieß. Angelika und Christian Anetseder führen den landwirtschaftlichen Betrieb in der 16. Generation als Reiterhof und Veranstaltungsort. Schweinezucht und Ackerbau haben sie aufgegeben, nun konzentrieren sie sich auf »Gut Reiten, Feiern und Tagen«. In der Veranstaltungshalle ist Raum für bis zu 1.800 Personen. Es gibt einen Stadl, eine Jagdhütte und eine Freilichtbühne. Auf Gut Aichet werden Hochzeiten, Geburtstage und Firmenjubiläen gefeiert. Zur Messe »Landpartie« kommen Tausende von Besuchern. Die Anetseders veranstalten (Picknick-)Konzerte, Festivals der Magie und natürlich Reitturniere.

Das Hofgut ist autark, verfügt über ein Wasserwerk, eine Fotovoltaikanlage, eine Hackschnitzelheizung und ein Sägewerk. Die Möbel im Privathaus und ringsherum schreinert der Hausherr selbst. Seine Frau ist nicht nur eine gute Köchin, sondern hat auch ein Gespür für stimmiges Dekor. Besucher führt sie mit Begeisterung durch Anwesen und Garten. Beim Spaziergang über das Areal sind Tiere immer irgendwo dabei, Katzen, ein Hund, Enten und Pferde sowieso.

Der Besitz eines solchen Natur- und Kulturschatzes bedeutet für die Familie Anetseder nicht nur eine Herausforderung, sondern auch die Verpflichtung, sich immer wieder Gedanken über eine wirtschaftlich tragfähige und zukunftsträchtige Ausrichtung des Hofguts zu machen. In Thyrnau ist man ständig in Bewegung und beschreitet gerne neue Wege: Angelika Anetseder hat sich am TV-Format »Landfrauenküche« des Bayerischen Rundfunks beteiligt, außerdem kann man Holzprodukte wie Tische, Bänke, Vogelhäuschen oder Holzherzen aus Eigenproduktion erwerben. Die Hölzer dafür stammen aus dem eigenen Wald.

Adresse Aichet 1, 94136 Thyrnau, Tel. 08501/272 | Anfahrt A 3, Ausfahrt Passau-Nord, der Donau folgen, am Ende der B 12 rechts abbiegen, weiterhin seitlich der Donau fahren, links Richtung Thyrnau, bei der 1. Gelegenheit rechts und bis zum Ende | Tipp Kurz nach Passau in der Nähe der Löwmühle rekelt sich die Nixe Isa am Donauufer. Modelliert wurde sie vom Holzbildhauer Edd Harrison aus Wales.

107_Das Kleine Schmiedemuseum

Hier fehlt nur der Schmied

Wenn man von der Existenz dieses Ortes nichts weiß, fährt man schnell daran vorbei. Bescheiden lehnt sich der kleine Anbau etwas zurückversetzt an ein größeres Gebäude. Die Tür steht offen, und man betritt eine alte Schmiede, in der das Feuer für immer erloschen ist. Exakt 717 Teile, darunter Ambosse, schwere Eisenketten, Wagenräder, Hufeisen in den unterschiedlichsten Ausführungen kann man sich im »Kleinen Kellberger Schmiedemuseum« anschauen. Eigentlich fehlt in dieser Szenerie nur der Schmied.

In Kellberg hat die Gemeinde Thyrnau die Schmiede von Josef Höber saniert und der Öffentlichkeit zugänglich gemacht. Die Idee: Das ortstypische Handwerk sollte an einem Platz gezeigt werden, an dem es tatsächlich ausgeübt wurde. Die Schmiede-Erbin Rosa Höber wollte damit auch die Erinnerung an ihren Vater wachhalten. Wie sie dem Heimatpfleger Erich Schätzl erzählte, wartete der nach Schulschluss meist schon auf sie. Sie musste ihm beim Anheben der Pferdehufe helfen. Eigentlich wäre das ja eine Aufgabe der Rossknechte gewesen, die die Pferde zum Beschlagen brachten. Die saßen aber im gegenüberliegenden Wirtshaus – bis Rosas Vater sie rief, wenn er fertig war.

Der letzte Huf- und Wagenschmied Josef Höber verstarb 1986. Noch 1978 beschlug der damals 86-Jährige die Pferde seiner Freunde. Die Schmiede war 1905 von seinem Vater Friedrich Höber gebaut worden. Die Wände des Museums schmücken unter anderem der Stammbaum der Familie, Zeugnisse von Josef Höber sowie alte Fotos der Schmiede. Auf mehreren Schautafeln wird gezeigt, wie Pferde beschlagen wurden oder welche Radarten und Wagenradteile es gibt.

Das Dorf Kellberg erlebte um das Jahr 1700 seine wirtschaftliche Blüte, dank des Eisenerzes, das man aus dem »Arzberg« gewann. Der Luftkurort liegt über den Donau-Ufern, in etwa 450 Meter Höhe, auf den Ausläufern des südlichen Bayerischen Waldes.

Adresse St.-Blasius-Straße 2, 94136 Thyrnau | **Anfahrt** A 3, Ausfahrt Passau-Nord, der Donau folgen, am Ende der B 12 rechts abbiegen, weiterhin seitlich der Donau fahren, bei Eggersdorf links abbiegen, Am Sonnenhang folgen | **Öffnungszeiten** täglich 10–16 Uhr | **Tipp** Die Pfarrkirche St. Blasius wurde um 1450 erbaut. Ungewöhnlich ist der linke Seitenaltar, der sogenannte Drei-Frauen-Altar mit drei gotischen Figuren.

108 Das Kloster Thyrnau

Schwestern sticken für den Papst

Die Abtei St. Josef in Thyrnau ist nicht einfach nur ein Kloster. Freilich gehen dort Klosterschwestern ihrem ordensgemäßen Tagesablauf nach. Doch es gibt auch eine Besonderheit: Die Zisterzienserinnen betreiben eine eigene Stickerei. Zum einen für die Kirche (sie fertigen Messgewänder und Stolen), zum anderen für Vereine und Organisationen, für die sie Fahnen besticken. Die »prominentesten« Stücke dürften wohl das Messgewand und die Mitra sein, die Papst Benedikt XVI. am 11. September 2006 bei der Eucharistiefeier im Wallfahrtsort Altötting getragen hat.

Die meisten der zwei Handvoll Schwestern haben Stickerei gelernt, die Äbtissin M. Mechthild Bernart ist sogar Meisterin. Die Paramenten- und Fahnenstickerei gehört heute zu den wenigen herausragenden Betrieben in Deutschland, in denen dieses traditionelle Handwerk noch beherrscht wird. Die Thyrnauer Zisterzienserinnen bilden auch aus und geben ihre Kenntnisse in der Nadelmalerei, Gold-, Leinen-, Weiß- oder freien Stickerei an junge Frauen aus der Region weiter.

Die Zisterzienserinnen von Rathausen in der Schweiz hatten 1902 das alte fürstbischöfliche Jagdschloss in Thyrnau gekauft und es um eine Kirche, Wohnräume und Gästezimmer erweitert. Die Kirche wurde im neubarocken Stil errichtet und passt sich harmonisch dem ehemaligen Jagdschloss an. Im Hochaltar ruhen die Gebeine des heiligen Venantius. Diese Reliquie stammt aus den Katakomben in Rom. Sie war bereits bei der Aufhebung ihres Klosters in der Schweiz im Besitz der Zisterzienserinnen. Auch das Maria-Hilf-Bild von 1750 an der hinteren Kirchenwand brachten die Schwestern nach Thyrnau mit.

Wer zu bestimmten Zeiten an der Klosterpforte klingelt, der bekommt gerne Auskunft und Einlass, kann eine Marmelade oder Dinkel-Kekse kaufen. 2015, als viele Flüchtlinge rund um Passau über die Grenze kamen, waren im Kloster auch Asylsuchende untergebracht.

Adresse Abteistraße 1, 94136 Thyrnau | Anfahrt A 3, Ausfahrt Passau-Nord, der Donau folgen, am Ende der B 12 rechts abbiegen, weiterhin seitlich der Donau fahren, links nach Thyrnau abbiegen, dort in die Abteistraße links | Öffnungszeiten Kirche: 6.30–17.30 Uhr, Führungen im Kloster nach Vereinbarung unter Tel. 08501/939090 möglich | Tipp Die Lorettokapelle mit der Schwarzen Madonna ist ein Prunkstück unter den vielen Marienkapellen der Region.

109 Die Donaufähre Sandbach

Ein Erlebnis im Fluss

Zwischen Vilshofen und Passau führt die Bahnstrecke ganz nahe an der Donau entlang, und einer der schönsten Augen-Blicke ist es, wenn man aus dem Zugfenster sieht, wie die alte Seilfähre bei Sandbach gerade den stattlichen Fluss überquert. Erstmals wurde eine Fähre an dieser Stelle schon 1379 erwähnt. Damals verpfändete Graf Heinrich von Ortenburg »das Urfahr (die Überfahrt) zu Sampach an der Donau« an die Herzöge von Bayern. Noch vor 1600 wurde das Ufer- und Überfahrtsrecht auf den Förgenhof übertragen. 1875 erteilte die Königliche Regierung die Erlaubnis zur »Herstellung einer Drahtseilfähre über die Donau«. Zuvor wurden Boote gestakt.

Bei der Sandbacher Fähre handelt es sich um eine Gierseilfähre (von niederdeutsch »gieren«, sich wenden). Sie verkehrt ohne Motor zwischen den Ufern. Die Überfahrt funktioniert nur mit Hilfe eines Seils und durch den Strömungsdruck des Flusses. Der Außenbordmotor hilft lediglich dabei, die Fähre in die richtige Stellung zur Strömung zu manövrieren, und ist für Notsituationen da. Rund fünf Minuten dauert die Überfahrt vom einen zum anderen Donau-Ufer. Davon macht gerne Gebrauch, wer Zeit sparen und den Weg abkürzen möchte, weil es bis zur nächsten Brücke zu weit ist. Bis zu vier Autos haben auf der Fähre Platz. Weil sie direkt am Donau-Radweg liegt, kommen auch viele (Urlauber) mit dem Rad und genießen das besondere Erlebnis. Wer übersetzen möchte, der läutet während der Fährzeiten eine Glocke. Fußgänger und Radfahrer bezahlen dieselbe Fährgebühr. Für ein Pferd samt Reiter ist es etwas teurer.

Seit 1914 betreibt die Familie Rieger die Fähre, mittlerweile in der vierten Generation. Leben kann man heutzutage davon nicht. Daher geht der Chef Walter Rieger unter der Woche auch einem Brotberuf nach. Es bedeutet für ihn ein großes Glück, dass seine Ehefrau auch den Fährführerschein gemacht hat und Fährfrau mit Leib und Seele ist.

Adresse Förgengaßl 1, 94474 Vilshofen an der Donau | Anfahrt A 3, Ausfahrt Vilshofen, links Richtung Vilshofen, nach Überqueren der Donau links auf die Regensburger/Passauer Straße, den Schildern nach Sandbach folgen | Öffnungszeiten 15. März – April und Okt. – 11. Nov. 7 – 18 Uhr, Mai – Sept. 7 – 19 Uhr | Tipp Der Zoo in Irgenöd bei Ortenburg galt lange Zeit als größter Vogelpark Süddeutschlands. Inzwischen sind auch viele andere Tiere wie Zebras, Kängurus, Erdmännchen oder Affen hinzugekommen, und er wurde in Vogel- und Tierpark umbenannt.

110 Das Kubin-Haus

Die Arche des Magiers von Zwickledt

Ein baufälliges Herrenhaus mit morbider Gemütlichkeit in der ländlichen Idylle von Zwickledt war über ein halbes Jahrhundert Wohnsitz des Künstlers Alfred Kubin. Hier lebte, liebte, litt und arbeitete der Meister der Illustration. In der Innviertler Gemeinde Wernstein entstanden der größte Teil seiner Bilder und sein Roman »Die andere Seite« (1908). Hier korrespondierte er mit Malern und Schriftstellern, zeichnete Fabelwesen, Laster und Fäulnis. Düstere (Untergangs-)Träume waren oft der Stoff für seine Bilder. »Die Phantasie ist mein Schicksal«, hat er selbst einmal formuliert. Und das Mystische ließ ihn sein Leben lang nicht los.

Ort und Schloss dürften im 12./13. Jahrhundert entstanden sein. Seit dem 16. Jahrhundert gibt es Urkunden und Aufzeichnungen über das Haus. 1961, zwei Jahre nach Kubins Tod, übernahm das Land Oberösterreich das Gebäude als Gedenkstätte und erhielt es so, wie es damals war. Und so hat man den Eindruck, der Meister ist nur kurz zu einem seiner Spaziergänge aufgebrochen und kommt gleich zurück. Im Korridor im Erdgeschoß hängen Hut und Mantel. Im Rahmen einer Führung taucht man ein in Anekdoten und Erinnerungen an den »Magier von Zwickledt«, der sein Haus »Arche« nannte. Man sieht die Bauernstube, seine »heilige« Bibliothek, sein Arbeitszimmer, verschlissene Sessel, erblindete Spiegel, die Schreibmaschine seiner Frau Hedwig, die oft krank war. Und so lebte der bisweilen depressive, hypersensible Künstler mit hypochondrischen Anwandlungen viel allein – betreut von Dienstmägden.

Ein wunderbar ruhiger und kraftspendender Ort ist der traumhaft verwilderte Garten samt Teich, in den sich auch Kubin gerne zurückgezogen hat. Im Haus findet heute ein reges Kulturleben statt mit Ausstellungen und Veranstaltungen. Interessenten können bei Workshops Techniken erlernen, mit denen der Meister mit dem phantastischen Federstrich gearbeitet hat.

Adresse Zwickledt 7, 4783 Wernstein am Inn, Österreich | Anfahrt A 3, Ausfahrt Passau-Nord, Richtung Passau Zentrum, Innenstadt verlassen und über Marienbrücke in die Innstadt, steil rechts auf Mariahilfberg fahren, bei Zwickledt rechts | Öffnungszeiten April–Okt. Di–Do 10–12 und 14–16 Uhr, Fr 9–12 und 17–19 Uhr, Sa, So und Feiertage 14–17 Uhr | Tipp Die Fatimakapelle Schardenberg wird auch Granitene Marienburg genannt. Sie ist eine Wallfahrtskapelle inmitten des Fronwalds in der oberösterreichischen Gemeinde Schardenberg.

111 Die Mariensäule

Ein teurer Umzug

Eigentlich ist sie eine Wienerin: die 17 Meter hohe Mariensäule am Innufer von Wernstein in Oberösterreich. Das Maria geweihte Standbild wurde von Kaiser Ferdinand III. gestiftet und 1646 nach dem Vorbild der Mariensäule in München von Johann Pock in der österreichischen Metropole geschaffen. Ferdinands Sohn und Nachfolger Kaiser Leopold I. verschenkte es zwei Jahrzehnte später an den Grafen Georg Ludwig von Sinzendorf. Dieser ließ die Säule auf dem Wasserweg die Donau und den Inn aufwärts transportieren und in Wernstein gegenüber dem Kreuz der Neuburg auf der anderen Inn-Seite aufstellen. Inschriften aus dieser Zeit schildern den Weg bis dahin. Von Sinzendorf betont ausdrücklich, dass der »Umzug« für ihn mit hohen Kosten (»sumptuosis impensis statuit«) verbunden war. Seit 1841 ist die Säule im Besitz der Gemeinde. 1989/90 wurde sie komplett saniert.

Die Säule aus Sandstein und Granit steht vor der Burg Wernstein. Die Muttergottes hoch oben hat den Blick aber hinüber zur Neuburg gerichtet. An den Ecken der Plattform kämpfen vier zwei Meter große Putti mit den Plagen der Menschheit, die als Tiere dargestellt sind: der Löwe steht für Krieg, das mythische Fabelwesen Basilisk für Pest, Tod und Untergang, der Drache für Hunger und die Schlange für Unglauben und Ketzerei.

Wernstein wird erstmals im 12. Jahrhundert urkundlich genannt und von den Grafen von Formbach um 1126 als Vorwerk von Neuburg errichtet. Auf Wernstein war nie ein eigenständiges adeliges Geschlecht ansässig. Die zur Ruine verfallene Burg wurde Anfang der 1990er renoviert und ist heute in Privatbesitz.

Die beiden durch den Inn getrennten Burgen (Wernstein unten und das Schloss Neuburg über dem Steilufer des Flusses), die Mariensäule als markanter Blickfang und seit 2006 auch der Mariensteg, der die beiden Ufer verbindet – diese Szenerie stellt seit Jahrhunderten ein beliebtes Motiv für Künstler und Fotografen dar.

Adresse Wernsteiner Bezirksstraße 1, 4783 Wernstein am Inn, Österreich | **Anfahrt** A3, Ausfahrt Pocking, Richtung Schärding, Inn überqueren, rechts abbiegen, um auf Passauer Straße zu gelangen, Richtung Wernstein am Inn folgen | **Tipp** Der Mariensteg ist eine asymmetrische Hängebrücke, die über den Inn von Wernstein (Österreich) nach Neuburg am Inn (Deutschland) führt und nur für Fußgänger und Radfahrer zugänglich ist. Die frei gespannte Brücke mit einem einseitigen Pylon ist 144 Meter lang und außergewöhnlich schlank und elegant.

1
3
Stadtpark Freudenhain
Freudenhain
Alte Rieser Straße
Fürstenweg
Schanzlbrücke
Donau
Obere Donaulände
Obere Donaulände
Regensburger Straße
Bahnhofstraße
Hauptbahnhof
Grünaustraße
Heiliggeistgasse
Nikolastraße
Nibelungenstraße
Innstraße
Ostuzzistraße
Innstraße
Inn
Universität
Innstraße
Voglau
N
0
100 m
59
30
68
82
46
44
61
51
97
66
53
32
56
43
83
65

2
Ilz
Halser Straße
Oberhaus
OBERHAUS
Freyunger Straße
29
4
Angerstraße
71
98
ILZSTADT
Obernzeller Straße
Donau
Fritz-Schäffer-Promenade
ALTSTADT
Domplatz
Marienbrücke
Inn
49
Schmiedgasse
Kapuzinerstraße
Lederergasse
INNSTADT
80
Jahnstraße
Mariahilfberg
Mühltalstraße
Schärdinger Straße
Lindental
N
0
100 m
90

3
Angerstraße
Donau
Fritz-Schäffer-Promenade
Obere Donaulände
Roßtränke
Höllgasse
Steinweg
Pfaffengasse
ALTSTADT
Domplatz
Ludwigstraße
Grabengasse
Theresienstraße
Heiliggeistgasse
Oberer Sand
Gottfried-Schäffer-Straße
Nikolastraße
Marienbrücke
Innstraße
Inn
Kirchenplatz
Lederergasse
INNSTADT
28
15
63
25
26
40
54
72
20
60
23
94
77
96
37
24
81
21
73
11
42
17
85
36
62
75
47
22
88
57

4
Angerstraße
Donau
Ilz
Fritz-Schäffer-Promenade
Rathaus-
platz
Höllgasse
Römer-
platz
Steiningergasse
Schrottgasse
Milchgasse
Michaeligasse
Jesuitengasse
Bräugasse
Parzgasse
Residenz-
platz
Schustergasse
Inn
Schmiedgasse
Kapuzinerstraße
Neutorgraben
N
0
40 m
93
18
69
41
76
33
79
86
87
100
52
64
38
27
45
48
91
101
70
58
67
78
84
39
34
89
13
99
16
31

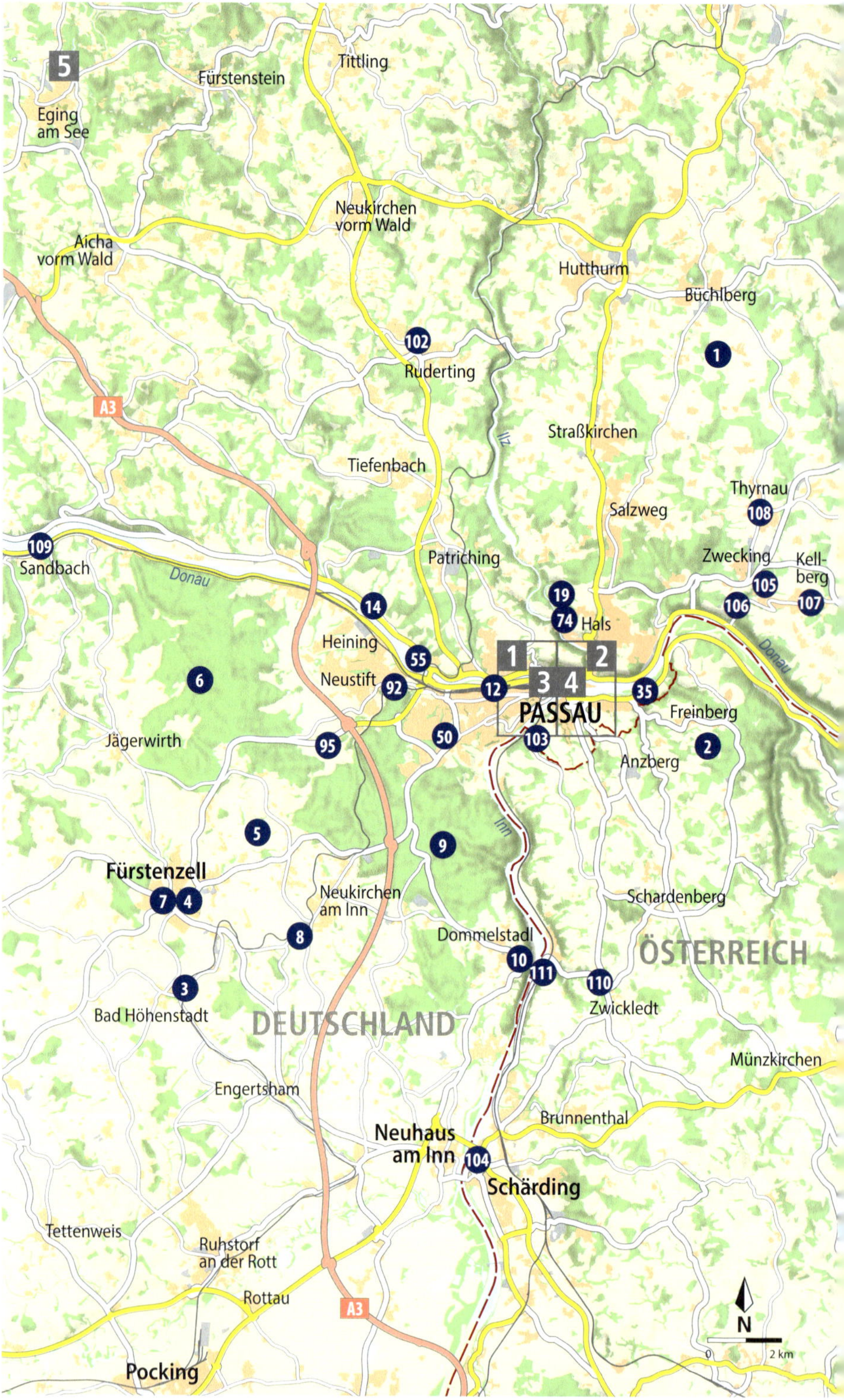
5
Tittling
Fürstenstein
Eging am See
Neukirchen vorm Wald
Aicha vorm Wald
Hutthurm
Büchlberg
102
Ruderting
1
A3
Ilz
Straßkirchen
Tiefenbach
Thyrnau
108
Salzweg
109
Sandbach
Donau
Patriching
Zwecking
Kellberg
105
107
106
19
74
Hals
14
Heining
55
1
2
3
4
Neustift
92
12
35
PASSAU
Freinberg
6
Jägerwirth
95
50
103
2
Anzberg
Inn
5
9
Fürstenzell
7
4
Neukirchen am Inn
Schardenberg
8
Dommelstadl
ÖSTERREICH
10
111
110
3
Zwickledt
Bad Höhenstadt
DEUTSCHLAND
Münzkirchen
Engertsham
Brunnenthal
Neuhaus am Inn
104
Schärding
Tettenweis
Ruhstorf an der Rott
Rottau
A3
N
0
2 km
Pocking

Cornelia Ziegler
111 Orte im Allgäu, die man gesehen haben muss
ISBN 978-3-95451-343-7

Rüdiger Liedtke
111 Orte in München auf den Spuren der Nazi-Zeit
ISBN 978-3-7408-0354-4

Cornelia Ziegler
111 Orte rund um München, die man gesehen haben muss
ISBN 978-3-7408-0437-4

Astrid Süßmuth
111 Spukorte in und um München, die man gesehen haben muss
ISBN 978-3-7408-0336-0

Rüdiger Liedtke
111 Orte in München, die Geschichte erzählen
ISBN 978-3-95451-221-8

Rüdiger Liedtke
111 Orte in München, die man gesehen haben muss Band 2
ISBN 978-3-95451-043-6

Rüdiger Liedtke
111 Orte in München, die man gesehen haben muss
ISBN 978-3-89705-892-7

Bernd Schinner, René Rabenbauer
111 Orte im Fichtelgebirge, die man gesehen haben muss
ISBN 978-3-7408-0405-3

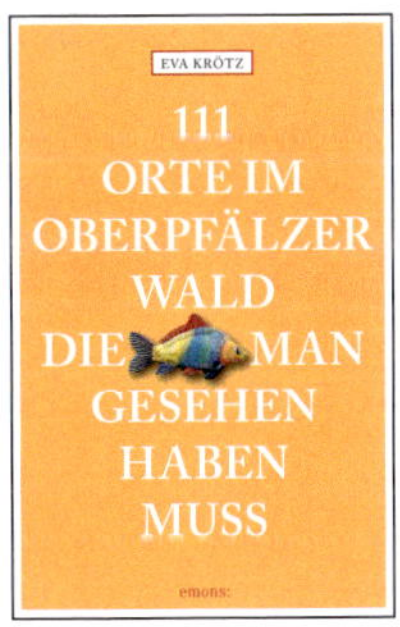

Eva Krötz
111 Orte im Oberpfälzer Wald, die man gesehen haben muss
ISBN 978-3-7408-0331-5

Oliver Ultsch, Pia Ultsch
111 Orte in und um Coburg, die man gesehen haben muss
ISBN 978-3-95451-923-1

Jochen Reiss
111 Orte im Fünfseenland, die man gesehen haben muss
ISBN 978-3-95451-851-7

Sabine Becht, Sven Talaron
111 in und um Bamberg, die man gesehen haben muss
ISBN 978-3-95451-706-0

Julia Lorenzer, Fabian Marcher
111 Orte in Rosenheim und im Inntal, die man gesehen haben muss
ISBN 978-3-95451-735-0

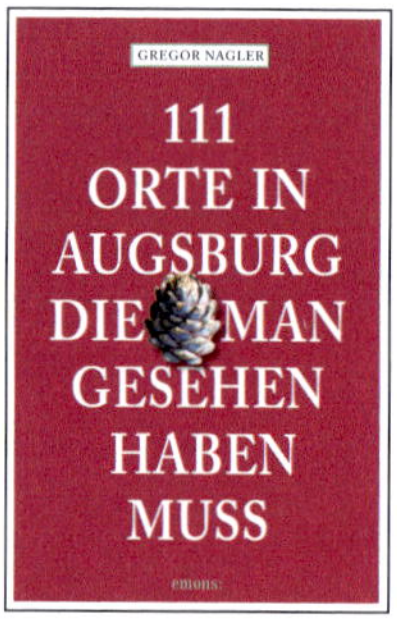

Gregor Nagler
111 Orte in Augsburg, die man gesehen haben muss
ISBN 978-3-95451-598-1

Marion Rapp
111 Schätze der Natur rund um den Bodensee, die man gesehen haben muss
ISBN 978-3-95451-619-3

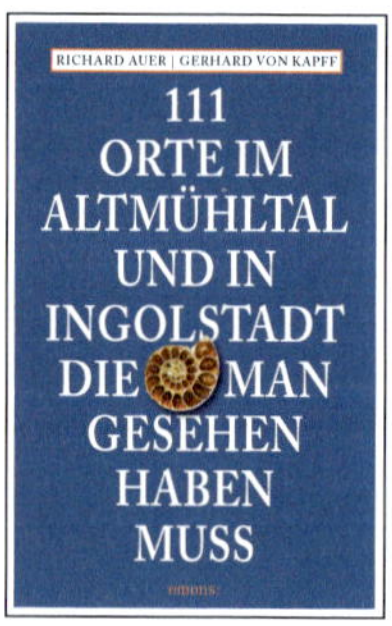

Richard Auer, Gerhard von Kapff
111 Orte im Altmühltal und in Ingolstadt, die man gesehen haben muss
ISBN 978-3-95451-616-2

Reiner Vogel, Maximilian Raab
111 Orte in Niederbayern, die man gesehen haben muss
ISBN 978-3-95451-539-4

Kerstin Söder
111 Orte im Fränkischen Seenland, die man gesehen haben muss
ISBN 978-3-95451-492-2

Die Autorin

Christine Hochreiter ist gebürtige Passauerin und wollte nach dem Abitur möglichst schnell weg. Sie studierte in Regensburg und Paris und war viele Jahre als Journalistin tätig. Inzwischen ist sie wieder zurück in der Heimat und fest davon überzeugt, dass Passau eine der schönsten Städte der Welt ist.

Der Fotograf

Frank Klein ist in Berlin aufgewachsen und zog 2013 nach Niederbayern. Im Jahr 2014 entdeckte er seine Leidenschaft für Natur-, Tier- und Objektfotografie. Heute lebt und arbeitet er im Passauer Oberland.